名师名校名校长

凝聚名师共识
回应名师关怀
打造名师品牌
培育名师群体

　　　　程明远题

醒而教之 智慧引领

——高中英语教学
实践与探索

苟小燕 / 著

西安出版社

图书在版编目（CIP）数据

醒而教之　智慧引领：高中英语教学实践与探索 /
苟小燕著. -- 西安：西安出版社，2024.7. -- ISBN
978-7-5541-7633-7

Ⅰ．G633.412

中国国家版本馆CIP数据核字第2024XC9054号

醒而教之 智慧引领：高中英语教学实践与探索

XINGER JIAOZHI ZHIHUI YINLING GAOZHONG YINGYU JIAOXUE SHIJIAN YU TANSUO

出版发行：西安出版社
社　　址：西安市曲江新区雁南五路 1868 号影视演艺大厦 11 层
电　　话：（029）85264440
邮政编码：710061
印　　刷：北京政采印刷服务有限公司
开　　本：787mm×1092mm　1 / 16
印　　张：14.75
字　　数：212千字
版　　次：2024 年 7 月第 1 版
印　　次：2024 年 8 月第 1 次印刷
书　　号：ISBN 978-7-5541-7633-7
定　　价：58.00 元

CONTENTS

绪 论

师德是教师最重要的素质，是教师的第一智慧。教育的逻辑不正是这样的吗？因为"亲其师"才"信其道"，教育才能产生效果。教师需要什么样的智慧？这是一个难以回答的问题，古今中外的教育大师们，从理论基础、实践做法，为广大教师提出了不少真知灼见，为教师的成长提供了科学依据或模仿对象。

什么是智慧？所谓智慧就是辨析判断、发明创造的能力。教育智慧是教师创造性地挖掘教材、处理教材的能力，是前瞻性地预测出学生的中远期发展趋势，并给予相应诱导使之成才的能力。

一名骨干教师应该具备六种智慧火花：从内容看，包括教育智慧的深刻、独到和广博；从方法看，包括教育智慧的启发、机智和绝招。六种智慧火花包括教师的人格智慧，教师的教学智慧，教师的课程智慧，教师的管理智慧，教师的成长智慧和骨干教师的十种能力。

一、教师的人格智慧

中国的早期社会，在传统文化主导下，学而优则仕，是读书人追求的境界，读书人入不了仕，才去教书，做教师是读书群体中的末流，更是读书人的悲哀。随着社会的发展，教师成了庞大的社会阶层，成了一种职业，一种事业。从人类社会的角度看，教师是人类灵魂的工程师；从人类文明的角度看，教师是人类文明的传承者；从奉献精神的角度看，教师是太阳底下最光辉的事业。教师的人格智慧包括教师的境界和教师的治学，我们先来探讨教师的境界。

（一）教师的境界

从育人的意义上看，教师的人生境界可分为自然境界、功利境界、道德境界和人类境界。一个教师追求的人生境界越高，他培养出的一代新人的人生境界也就越高。

如果一个教师，只能顺应教师的本能和社会风气去工作，对自己所做的工作只是顺其自然，那么他的人生境界就是自然境界。

如果一个教师，做事动机是功利的，教书是为了糊口，补课是为了酬金，提高学生成绩是为了奖金，写论文是为了晋级，等等，那么他的人生境界就是功利境界。

如果一个教师，意识到自己是教育战线的一员，自觉为学生的利益做教育教学工作，对学生负责，所做的事情都是有道德有意义的，那么他的人生境界，就是道德境界。

如果一个教师，意识到教师整体之外还有一个更大的整体，意识到自己不仅是教育战线的一员，还是全社会、全人类的一员，并且自觉为社会、人类的利益做有意义的事情，并明白其中的意义，那么他就进入了更高的人生境界，即人类境界。

（二）教师的治学

根据教师的治学态度，可分为四个等级，即庸师、严师、名师和大师。借用国学大师王国维在《人间词话》中所讲的人生的三种境界，来探讨教师的四种治学态度。

1. 庸师

教师只知道教书，不考虑教人，既不研究前人的经验，也不努力形成自己的风格，无所作为，如果说有教学效果，只能是误人子弟。形象地讲，叫作"做一天和尚撞一天钟。"

2. 严师

教师能高瞻远瞩，认清前人走过的路，总结前人的经验，以严谨的态度治学，关心学生的学习行为，能达到"严师出高徒"的效果。形象地讲，叫作"昨夜西风凋碧树，独上高楼，望尽天涯路。"做学问成事业者，首先要有执着的追求，登高望远，明确目标与方向，了解事物的全貌。

3. 名师

教师能冥思苦想，孜孜以求，犹如热恋中的人，不惜一切地追求所思。以科学的精神对待治学，关心学生如同亲人，有名气；他培养的学生能达到"青出于蓝而胜于蓝"的效果。形象地讲，叫作"衣带渐宽终不悔，为伊消得人憔悴。"我们教师要对教育事业，有股百折不挠的痴迷劲，为它牵肠挂肚，为它时悲时喜，为它如醉如痴，为它无怨无悔，就是累瘦了也不觉得后悔。

4. 大师

教师苦苦追求，不断探索，揭前人未揭之秘，辟前人未辟之境，作出独创性的贡献。对事理、对教学能变复杂为简单，变简单为复杂，以创新的精神对待治学，关心学生终身发展，有思想，可以达到"化腐朽为神奇"的效果。形象地讲，叫作"众里寻他千百度，蓦然回首，那人却在灯火阑珊处。"这句比喻经过长期钻研，经过多年的磨炼后，就会逐渐成熟起来，别人看不到的事物，他能明察秋毫；别人不理解的事物，他能领悟贯通。

这是教师治学的四种治学态度。

对于教师职业的追求，每个人会有不同的回答。在教育教学中，从是否受学生欢迎可以得到一些启示。

（三）什么样的教师受学生欢迎？

教师都希望自己成为一名受学生欢迎的好教师，什么样的教师受学生欢迎呢？如何成为一名受学生欢迎的教师？现整理归纳了以下几种受学生欢迎的教师。

一是像父亲一样严而有度的教师。这种教师往往把班级管理得井井有条，又受到学生的尊敬和喜欢。这样的教师认为，学生正处于成长发育阶段，难免犯有这样或那样的缺点和错误，这些缺点错误是难免的，所以对他们的要求应该有度，按照他们的成长规律，给予他们改正缺点错误的时间和机会，不能一味地批评和指责，甚至体罚或变相体罚。

二是像母亲一样慈爱的教师。这种教师多为中年女教师，她们有抚养孩子的经历和体验，知道抚养一个孩子的辛苦，所以对待学生表现出更多的关爱和耐心，体现出一种母爱。学生愿意将自己的心里话和烦心事告诉教师，而且在教师那里，总是得到满意的回答和耐心的指点，所以他们对这种教师感到特别的亲切，也特别听教师的话。

三是有宽容心的教师。这种教师心胸开阔，善解人意，对学生的缺点错误采取宽容的态度，给学生很好的印象。比如，一个学生上语文课画画，被教师发现后，教师指出他画画选择错了时间和地点是不对的，同时鼓励他在合适的时间和地点发展自己的兴趣和特长，动之以情，晓之以理，让学生口服心服。这样一来，学生不但打好了知识基础，而且发展了个人兴趣和特长，会很感激教师。

四是风趣幽默的教师。这种教师讲课往往用具体生动的事例引入新课，深奥的道理讲得深入浅出，浅显易懂。在学生感到疲劳时，会来几段风趣幽默的段子，让学生乐学。善于激发学生的兴趣和热情，调动学生学习的积极性。学生学得轻松愉快，而且效率高。

五是充满爱心的教师。这种教师特别关心贫困家庭学生和离异家庭缺乏家庭温暖的学生，经常帮助学生解决生活中遇到的困难。教师的行动深深地感动和感染着学生，使学生对教师无限崇敬，自然得到学生的喜欢和爱戴。

六是以身作则的教师。这种教师是学生的表率。凡是要求学生做到的，自己首先做到，教学生做人，自己首先做好人。总是实事求是，循序渐进。

七是有真才实学的教师。这种教师勤奋学习，严谨治学。要给学生一杯水，自己就要备有一桶水。这水不仅是知识方面所要具备的，也是人格和魅力所要具备的。这种教师德才兼备，是学生的表率、榜样和楷模。

总而言之，受学生欢迎的教师，一般有以下几个特点：严而有度，慈爱，有宽容心，风趣幽默，充满爱心，以身作则，有真才实学。我们可以将这些特点归入两个关键要素：第一，有"专业素养"，比如有教育智慧，有真才实学；善于管理，严而有度；以身作则，说到做到。第二，有"积极心态"，比如风趣幽默；有爱心、有耐心、有宽容心。

二、教师的教学智慧

教师的教学智慧主要显示为上课方式的变革。现代知识增长，已经不能单纯用变化来表达，应该称为变革，或者称为革命的变化。针对这种变革的特征，教师的教学方式也需要变革。

教学方式的变革表现为：

（1）从消极被动的接受性学习向积极主动的探索性学习转变。

教师讲学生听，这是基本教学模式和基本学习方式，在知识增长比较缓慢的时代，这种学习方式和方法是合适的，所谓一朝学习，终生受用。但如今终生受用的知识越来越少了，生活中有用的知识，越来越需要不断地补充，而这种补充来自自我学习，特别是积极的探索性的学习。

激发学生学习的积极性，最重要的是把学习知识变成探索问题。在学习中能否学会寻找问题、发现问题、分析问题、解决问题，是衡量学习成败的根本标准。在传统教学中，学习知识是目的，通过问题帮助掌握知识是手段；而在现代学习中，学习知识是手段，能够运用解决问题是目的。

（2）从学会知识到学会学习。

授人以鱼不如授人以渔，教师只教会学生知识，不如传授给学生学习的方法。作为一名教师，我们要教会学生：

① 知识获取方法。学习知识的第一步是掌握获取知识的方法。这包括阅读、听讲、实践、观察等多种方式。通过阅读，我们可以系统地了解某一领域的基础知识和前沿动态；通过听讲，我们可以从他人的经验中获得启示；通过实践，我们可以亲身体验知识的运用过程；通过观察，我们可以发现生活中的规律和问题。

② 学习策略与技巧。学习策略与技巧是提高学习效率的关键。这包括制订学习计划、运用记忆技巧、掌握时间管理等。制订学习计划可以帮助我们明确学习目标，合理分配时间；运用记忆技巧可以帮助我们更好地记忆和理解知识；掌握时间管理可以让我们在忙碌的生活中找到学习的平衡点。

③ 批判性思维培养。批判性思维是学习者必备的能力。我们要学会独立思考，对所学知识进行质疑和反思，从而形成自己的见解。这样不仅可以加深我们对知识的理解，还能培养我们的创新思维和解决问题的能力。

④ 自主学习能力。自主学习能力是现代社会对人才的需求。我们要学会自己寻找学习资源，主动探索未知领域，培养自我驱动的学习习惯。这样，无论在学校还是工作岗位上，我们都能保持持续学习的状态，不断提升自己。

⑤ 学习动力与兴趣。学习动力和兴趣是推动我们持续学习的关键。我们要学会将学习内容与实际生活相结合，从中找到学习的乐趣。

（3）具有创新智慧和反思智慧。

教师需要具备创新思维和创造力，能够设计和实施创新的教学活动，提供多样化的学习体验，激发学生的创造力和创新意识。教师还需要关注教育领域的最新研究成果，不断探索和尝试新的教学方法和策略。教师需要具备反思能力，能够及时总结和评估自己的教学效果，找出问题和不足之处，并采取相应的改进措施。教师还需要通过与同行的交流和合作，分享教学经验和教育教学心得，不断提高自己的教学水平。

教师的教学智慧对于学生的学习和成长具有重要的影响。优秀的教师能够激发学生的学习兴趣，帮助他们充分发展自己的才能，教师应该不断提升自己的教学智慧不断探索和创新教学方法和策略，为学生提供优质的教育教学服务。

三、教师的课程智慧

以教师处理教材为例，分析教师的课程智慧表现。处理教材有三种表现形式：吃透教材，补充教材和更新教材。优秀的教师通常都有共同点：能够调整、补充或重新开发教材。

（一）吃透教材

在课堂教学过程中，有这样一句新课程口号："不是教教材，而是用教材教"。这个口号是有意义的，但也容易造成误解。有些教师误认为，新课程不重视教材，可以随意调整、更换教材。学校允许调整教材，但是，大单元的调整，必须与学校管理者沟通，让学校了解教学进度，便于管理。教师调整教材时必须克服随意性，调整时应遵循学生的需要和课程标准的要求。调整教材时，教师可以参考不同的版本，这样有一个好处：不再把教材神圣化，直接面对课程标准。

吃透意味着教师对教材了如指掌。吃透教材之后，教师可以利用教材。利用教材也可以显示为整合教材。整合不只是调整教材的顺序，而且将教材各个知识点综合起来，使各个知识点之间相互照应，融合为新的主题。利用教材可以显示为"解读"教材，即教师引导学生尽量解释和发掘教材背后的意义。

（二）补充教材

补充教材实际上是以加法的态度对待教材，只是在原有教材的基础上增加相关的教材。这种只增加不减少的处理教材的态度显得比较保守，也因而比较平稳、安全。在目前，我们提倡"不是教教材，而是用教材教""不是考教材，而是考课程标准"等观念，但"教教材""考教材"的传统，很难完全消失。更新教材是补充教材的一种形式。

（三）更新开发教材

如果感觉现有教材绝大部分内容都比较过时、落后或者不适合学生学习，就可以考虑另选教材替换现有教材。在传统的教材制度背景中，更新、更换教材是不可想象的事情，在当今，市场上出现多种版本的教材和相关的课程资源之后，这种更新、更换教材已经不是新闻。

教材的开发与编写需要专业的素养和时间。一般教师没有这一方面的专业训练，也缺乏时间。但教师只要凭借他们自己丰富的阅读和丰富的经历，提供对学生的成长和发展有意义的补充材料，那么这些教材可以进入课堂，成为学生学习的基本材料。

四、教师的管理智慧

一个教师如果有课程智慧和教学智慧，他基本上就可以"上好一堂课"。但教师仅仅上好一堂课是不够的，还要有基本的管理智慧。

（一）管理者的非智慧心态

教师总以为学生太小，没有经验，他们应该听从教师的指令，接受教师的安排。教师的这种怀疑与不信任，其实是所有成年人都具有的，往往是由于爱护他们才产生的。成年人经历了一些失败和痛苦，这些失败与痛苦转化为"人生经验"之后，他们会以"导师"的心态鄙视和教训儿童。"不听老人言，吃亏在眼前"是所有教师和家长的普遍心态。这种心态会让这些教师陷入尴尬：他们要么死死地抓住管理、治理的权力不放，于是，这样的教师就培养了大批唯唯诺诺的学生；要么在某个时候遭遇学生的抵制或抵抗，教师还在糊涂地想："我全心全意为他们着想，他们怎么不理解我的苦衷呢？"

他们不知道：人的成长需要付出必要的代价。儿童自己做主不可避免地会出现很多错误，甚至会遇到一些危险，但是，这是成长必须付出的"学费"。如果父母一直怀疑孩子自己做主、自我管理的能力，那么，孩子的精神成长就会无限期地延迟；如果教师一直怀疑学生自己做主、自我管理的能力，那么，学生就会成为精神的侏儒。他们可能善于服从、听话、俯首称臣，但他们可能缺乏自信、热情、勇气，他们的生命缺乏基本的活力与光泽。

（二）管理智慧中的师生关系

和谐的班级体现为和谐的师生关系，如果教师能够把学生当作朋友一样对待，尊重学生的个性与人格尊严，多给学生一份关爱，多给学生一份温暖，那么师生关系肯定会多一份融洽和谐，这是我们每一个教师追求的教育和教学艺术。

热爱学生是和谐师生的前提；

尊重学生是和谐师生的基础；

信任学生是师生和谐的桥梁；

沟通学生是师生和谐的内涵；

民主平等是师生和谐的体现；

欣赏学生是师生和谐的根本；

宽容学生是师生和谐的升华。

（三）教育教学管理者要有乐观精神

乐观精神主要包括宽容精神、赏识意识和有激情地生活。

乐观的第一个指标是宽容。宽容是修养，不会对他人有太多的挑剔，也不会因他人不关注自己而喋喋不休地抱怨。乐观其实很简单：停止抱怨。

乐观的第二个指标是赏识。不仅宽容，而且赏识，这是一个进步。渴望赏识是人性中最可爱的弱点。

乐观的第三个指标是内心宁静有激情而快乐地生活。人总是喜欢和那些能够给人带来快乐的人在一起。

快乐是一种能力。能够把笑声带给别人的人，他就有一种能力，叫感染。喜欢把痛苦带给别人的人，他也有一种能力，叫传染。

五、教师的成长智慧

教师的专业成长，需要长期的积累和实践锻炼，专业化水平的提高，是一个终身学习和实践的过程，这就是所说的教师行动。教师需要自身主动、自觉参与才能完成。教师在专业成长过程中，必须增强自我规划意识，使自主成长变为一种积极主动的行为。

（一）自我成长——明确专业成长的目标和方向

教师的自我规划是当前教育中欠缺的一项重要内容，多数教师不能有效地规划自己的专业成长。自我规划应该包括阶段性目标、终结性目标，以及实现这些目标的阶段、途径和方法。

教师的专业成长要经历初职教师、有经验教师和专家教师三个阶段。每个阶段的成长内容和主题不相同：初职教师需要重视的是原理性知识，包括从事本学科教学所需要掌握的原理、原则和一般的教学方法；有经验教师侧重的是案例性知识，即教学的特殊案例、个别经验等；专家教师他们拥有了更多的策略，其形成的核心是反思。不仅要把握自我成长中每个阶段应该掌握的内容和途径，还应该进行积极的学习、观察和反思，把教育案例上升为经验，然后逐渐形成具有鲜明特色的个人的教育思想。

自我规划成长目标，还可分为近期目标、中期目标和远期目标。教师在制订自我成长规划时，还应了解影响自我成长的关键性因素及应采取的有效措施等。

（二）自主成长——让专业成长变成自主行为

教师的成长过程只有建立在自身教育教学需要的基础上，建立在教师主体积极主动参与、自主谋求发展的过程中，才能收到应有的成效。

1. 自主学习——提升学科的专业素养

教师专业学科素养包括学科知识和专业知识这两方面。知识获得的一种主要途径就是自主学习。具体有以下几种方式：

（1）向书本学习。

一方面教师要向书本学习本学科专业知识及拓展性专业知识，学习跨学科专业知识，提高自己的文化知识底蕴和学科理论水平，建立起既专又博的完整知识体系。另一方面，教师要认真研读各种教学期刊、研究报告、论著等文献资料，了解学科教学及教育的最新动态和前沿知识，丰富自己的教育信息，提高自己的综合文化素养。

（2）向他人学习。

一是教师要积极参加教研组等协作团体活动，不仅参加本学科的活动，还应参加相关学科的教研活动，在参加活动中和在与组内其他成员的互动过程中，获得他人的知识、经验，充实自身的教学知识。二是参加各类专家讲座、教学研讨会，开阔视野，增长见识，丰富知识。三是通过参观和教学观摩等方式向他人学习，这种方式对获取那些只可意会、不可言传的教学知识非常重要。四是教师可以通过采访资深的教师、名师、专家学者等相关人员，获取自己所需要的知识。

（3）向网络学习。

互联网是一个巨大的学习空间，它打破了年龄、时间和空间等诸多限制，教师应该积极打造自己的网上学习策略，充分利用网络资源。教师可以在网上实现与专家学者以及同行的交流与研讨，提升自己的专业水平。

（4）向案例学习。

每一所学校都积累了大量的典型案例，隐藏着丰富的实践性智慧。教师要通过与其他教师一起对案例进行阅读、分析、讨论，获得解决相应的教育教学实际问题的方法和策略，提升自己的实践智慧。

2. 自我修养——提高专业情意

教师的专业情意是教师对教育、教学的一种浓厚的感情，教师的专业情意可以归纳为三个方面：即专业理想、专业情操、专业自我。

教师的专业理想是教师成为一名成熟的教育教学专业工作者的向往和追求，它体现了教师的事业心、责任感和积极性，即所谓的师德。其核心是对学生的爱，是推动教师专业发展，使教师献身于教育事业的根本动力。

教师的专业情操是教师教育教学工作带有理智性的价值评价的情感

体验，是构成教师价值的基础，是优秀教师个性的重要因素，也是教师专业情意发展成熟的标志。教师的专业情操包括：理智的情操，即由对教育功能和作用的深刻认识而产生的光荣感和使命感；道德情操，即由教师职业道德规范的认同而产生的责任感和义务感。

教师要言传身教，教师的一言一行都会对学生产生影响。因此，教师应当以身作则，展现出高尚的道德行为和规范的行为举止。如尊重学生、关爱学生、服务学生，以及发现学生的兴趣和特长。

3. 自我研究——积累实践智慧

新课程倡导教师成为研究者，不仅仅局限于传统意义上的教育科学研究和教学研究，更重要的是，结合自己的教育教学实践，用心观察、细心体会，点滴记录在教育教学中遇到的问题，收集资料，积极探讨如何解决问题。

（1）自我行为研究——探寻自己的教学实践智慧。教师从事的行为研究，要基于自身的教育教学经验，探寻自己的教育教学实践智慧，即在具体背景下，面对课堂教学的复杂情境，从一个具体的教学案例出发，基于具体的教学情境分析问题，提出解决问题的方略。教师还要在事后对事件的发生、发展的完整过程加以回忆、记录、探究，特别是推敲后续的跟进措施。教师行为研究突出特点就是，研究与教育行为的紧密结合，这对教师专业发展至关重要。

（2）叙事研究——发掘教师的实践智慧。教育叙事研究是教师通过对有意义的校园生活、教育教学事件、实践经验的描述与分析，发掘这些生活、事件、经验和行为背后的教育思想、教育理论和教育信念，从而发现教育的本质、规律和价值意义。

教师所叙述的故事内容，反映着个体过去所经历的事情，反映着自己的情感、态度、动机、观点，通过对所述故事的分析，就可以发现故事所隐含的，叙述者自己也难以理解的行为及相应的情感生活。这正是教育叙事研究的价值所在——从日常生活中发现教学的规律和价值，而这正是和教师专业发展相关的核心内容。

4. 自我发表——在专业成长中不断提升实践智慧

网络为教师发表提供了比较宽阔的平台。教师可以在网络上叙述自己的阅读日志、观察日志和行动日志。这种叙述的形式可以称为"教师讲述自己的教育故事"。

可以讲述的故事包括我今天读了什么，这是阅读日志；如果教师没有任何阅读，教师可以讲述我今天看到什么，这是观察日志；如果教师既没有阅读，也没有观察，那么，教师可以讲述我今天做了什么，这是行动日志。

在阅读、观察和行动三种日志中，"阅读日志"具有前提性意义。

阅读既可以显示为私人的兴趣，也可以显示为公开的交流。如果教师期望自己的阅读以及相关的研究获得他人的理解和认可，教师就可以利用网络发表自己的读后感。

读后感可以显示为三种方式：一是摘录文章中的重要词语、句子或观点；二是就这些重要的词语、句子或观点发表评论；三是由这些重要的词语、句子或观点出发，形成某个主题，然后就这个主题发表自己的看法。

（1）摘录。

即摘抄有价值的词语、句子或观点。这是最简单的读书笔记。阅读一本书之后，应该把书丢开，回忆、复述这本书有哪些精彩的词语、句子或观点。然后再回头去把这些精彩的词语、句子或观点查找出来，记录到笔记本上。善于把厚书读薄，把薄书读厚，通过阅读提高自己的思想意识。

（2）评介。

摘录最好的词语、句子或观点之后，紧接着讨论自己的感想或做点评。

显然，第二种读书笔记是对第一种读书笔记的超越。如果把点评做得宏大一些，那么，就可以从整体上解读整本书或整篇文章。如果把点评做得再大一些，就可以不局限于本书或本文的阅读与点评，可以以本书或本文为起点，将本书或本文与其他相关的著作或文章串联起来，将相关的著作或文章串联之后，再回头看看本书或本文与其他的著作或文章在哪些地方是相似、相同的，在哪些地方是相异、相反的。

（3）综述。

不仅摘录，也不只是对做摘录的观点做点评，而是围绕本书或本文所蕴含的主题和相关文献进行搜索和阅读，并写出总体的阅读印象，这是第三种读书笔记，可以称之为综述。

如果说第一种读书笔记显示为"他说了什么"，第二种读书笔记显示为"他说得怎么样"，那么，第三种读书笔记则显示为"他们说了什么和他们说得怎么样"。

教育叙事并不直接论述教育道理，直接论述教育道理的作品是教育论文。但是，教育叙事必须掌握、领会相关的教育道理，然后再把这些教育道理巧妙地隐藏在自己的描写中。有深度描写的教育叙事，并不意味着描写词语丰富或句子的堆积。描写的深度只取决于所描写的故事背后是否隐含了相关的教育道理或教育理论。

在课改的挑战前，机遇前，提高自身与发展的"六关"显得非常重要。过"六关"——过教育观念转变关，以先进的教育观念改变传统的教学行为；过爱岗、敬业关，追求人生价值的自我实现；过课程标准关，踏准教学改革的节拍；过知识积累关，丰富自己，厚积薄发；过现代技术关，把握时代发展的脉搏。

六、骨干教师的十种能力

教师的能力素质是教师履行自己的责任，完成教育任务的实际本领，是教师渊博的知识、执着的热忱得以充分发挥和充分体现、有效地开发学生的智能、全面提高学生素质的必要条件。

1. 重视教育观念的更新

教育观念对于教育教学改革成功与否，具有决定作用。作为一名骨干教师，就应该牢固树立起现代教育观。

（1）教育理念更新：加强新课程改革知识的学习。只有这样，才能在思想上把握改革的整体思路，在教学实践中全面贯彻改革精神。分层、分批地参加通识培训，学科课程教学专题讲座。

（2）教育艺术更新：积累更完备的教育科学知识。新教材中设计了许多师生互动的活动和学生合作内容，这些活动促进了师生之间、学生与学生之间的交流。教学之余要努力充实和丰富自己的理论知识，并在实践中加以运用，不断写心得体会，总结自己的教育教学经验。

2. 强调职业道德的培养

现阶段，作为一名教师须遵循的道德规范，应该是热爱教育、献身教育、教书育人、为人师表；热爱学生、尊重家长；严谨治学、诲人不倦等等。尤其我国现在正处于一个社会转型时期，在政治、经济、思想、文化诸方面，都表现出新的变化，这些变化也必然在教育上有所反映，并会对教师的职业道德观念产生影响，这就对骨干教师提出新的要求。

3. 加强现代教育理论的学习

要用正确的教育理论修养，指导自己的教学，我们往往不是用教育理论来指导自己的实践，而是靠加重学生学业负担来提高自己的教育教学成绩，严重地影响了学生的身心健康，学生的正常发展。

4. 强化专业知识的不断更新

随着时代的发展，基础教育教学内容不断地充实更新，学科之间交叉渗透、综合发展的趋势不断得到加强。教师要努力更新自己的知识结构，这样才能驾驭课堂教学。

（1）专业知识更新：步入本门学科知识之殿堂。

课程改革中改了过去课程内容"繁、难、偏、旧"和过于注重书本知识的弊端，加强课程内容与学生生活及现代科学发展的联系，同时具有更强的吸引力，以提高学生学习的兴趣。相比之下，教师知识结构老化的现象逐渐显现出来。课程改革对于教师来讲是一次挑战。

（2）文化知识更新：深入广博的知识海洋。

教师的知识不仅要专，而且要博，在信息技术飞速发展的今天，科学在不断分化，呈综合化的趋势。学科之间的横向联系不断加强，教师要想透彻讲解和分析某一专门学科知识，往往需要借用其他学科的相关知识。

5. 培养科学思维方法的能力

科学的思维方法，能够帮助我们提高思维质量，科学的思维方法不是一个人天生就掌握的，而是需要培养与训练才能获得。

6. 培养自我发现与自我发展的能力

自我发现与自我发展能力，是一个人事业成功所需要具备的能力。自我发现与自我发展能力主要包括对客观世界（事物）的洞察能力、敏锐感受能力、善于学习能力、坚韧不拔的能力、正确评价能力及客观预测的能力。这几种能力相互影响、相互协调，共同制约。在工作中善于观察、感受体验，达到善于自我发现与自我发展的境界，不断总结经验与教训，逐步提高自我发现与自我发展的能力。

7. 具备教育科学研究能力

只有具备较强的科研意识，才有可能在实践中去发现问题、提出问题、研究问题和解决问题。科研意识薄弱和科研能力弱，是目前教师队伍普遍存在的问题。作为一名骨干教师，应该及时了解教育科研发展动态，捕捉教育科研信息，掌握系统的教育理论和科研知识、方法，研究新问题，适应新变化，在教学中建立主动、探究、合作的教育教学模式，师生互动，提高教学质量。

8. 增强课堂教学能力

一名骨干教师之所以能称得上教学骨干，主要体现在他的课堂教学质量高，教学风格明显，教学的技能与方法出色，课堂教学组织能力强，甚至具有独特的教学个性与教学特色，而这些方面的综合体现，就构成了一名骨干教师的课堂教学的能力。而这种能力的养成"非一日之功"，要长期的培养与锻炼，才能获得并逐步提高。

9. 掌握和运用信息的能力

一流教育的前提条件，是教师必须掌握和运用现代教育技术。现代教育技术集中了计算机、电化教育等多种教学手段为一体，具有直观、形象的特征。特别是多媒体计算机，更具有运载信息量大，反应速度快，交互性能好，图、文、声、像、动等综合表现力强，容易控制等特点。在教学中运用这些现代教育教学手段，可以更好地激发、引导学生积极思考，主动发现问题、分析问题和解决问题。

10. 骨干辐射作用的能力

作为教师中的骨干，应该在教师群体中起带头作用，骨干示范作用，带领其他教师一同前进。作为骨干教师，还要具备组织协调能力、帮教能力、培养带动青年教师的能力、引领他人的能力。骨干教师除了具有这些能力之外，还应该具备专业精神。

专业精神就是爱业、敬业、献业。这意味着你要时时提醒自己所从事的事业是关注人的事业；意味着你要不断地学习，为自己的知识体系注入新的内容。

◆ 结束语：

教师睿智。教师之所以能够为人之师，首先是因为他心智聪慧，注重充实并更新自我的知识结构。现代背景下的教师，应成为终身学习的倡导者、示范者和实践者。一个睿智的教师，时刻需要成为一个具有良好思维习惯、思维品质的人。思路清晰、逻辑严密、思维敏捷、观念先进，是智慧型教师的智慧性格。

教师机智。教师之所以能够启迪智慧，引导心灵，是因为他机智灵活，足智多谋。面对复杂的教育情境、教育关系和教育过程，机智的教师能够化解矛盾，协调关系，得心应手。机智的教师富有幽默感，富有激情。

教师理智。在教育活动中，情绪的躁动、工作的苦恼是难免的，需要用理智去克制，用理性去引导，以理服人，才会用理性的光芒去照亮黑暗的心灵。

教师明智。教育方式是多样的，采取哪种方式来处理师生关系、解决冲突和问题，反映了教师行为的明智程度。明智的人，善于明理，善于辨析，善于择善而从之。明智的人，善于识时务，把握大势所趋。

教师大智。大智者，若愚也。大智者不若愚，往往有无尽的痛苦，往往会聪明反被聪明误。大智者，不计一利之得失，不争一日之长短，不逞一时之英豪。

教师德智。宽厚仁爱，有理有节，人性丰满，是教师的德智情怀。教师要有道德智慧，处理人际关系游刃有余，面对学生充满爱与关怀。

教师作为一种专业，需要睿智、机智、理智、明智、大智和德智。

信息社会需要的教师应该是综合性的"全才"，作为教育工作者、骨干教师，应该具备综合素质。要在长期不懈的教育实践中，有意识、有目的、有计划地去提高素质，不断完善能力结构，做适应时代要求的、合格的人民教师。

教学智慧

——高中英语教学探索

醒而教之——还原学生在课堂中的主人翁角色

两千多年前，我国伟大的教育家孔子倡导因材施教的教育原则，后代也将此原则作为教育的重要原则继承并发扬了下来，在一轮又一轮课程改革如火如荼展开的今天，因材施教仍然是改革秉承的指导思想和基本原则。从"材"入手，唤醒学生，让他们成为课堂的主人翁。

回首自己的教育生涯，不知不觉已过了20个年头，学校参与教学改革也将近10个年头了，从高效课堂到新课堂模式，从五步三查到今日的学讲练纠，形式在变化，但宗旨未变——即始终以学生为主体，还原学生课堂主人翁的角色。但学生的主体地位始终未曾落实，表现在以下几个方面。

一、新课堂教学模式下出现的几个问题

（一）课堂结构安排不妥当，重点不突出

因为要严格按照学校的课堂模式，而我们教师总怕给学生讲得少了，讲不透，还要给学生留讨论、检测的时间，这样，时间和模式就产生了冲

突，导致一节课快结束了，重点内容未讲完，或是检测环节未落实。

（二）课堂讨论有效性不高，小组合作流于形式

在新课堂模式下，我们学生的座位形式也发生了变化，由之前的"排排坐"变成现在的"团团坐"，全班学生分成若干组，每一组由八到九个成员组成。每组同学都是由各个成绩段的同学组成，小组内有组长、副组长、各科的学科长等。此种座位形式的好处就是学生便于讨论，学生上课的热情很高，课堂上较少出现之前的昏昏欲睡的现象。但是笔者在课堂中也发现，当给他们布置问题之后，他们经过自己的思考之后确实在讨论，但讨论的有效性却不高。表现在：①有些同学由讨论的问题会延伸到其他与课堂无关的内容，讨论效果不明显。②组织有序的小组还好，有些小组每次讨论的发言者几乎就是经常发言的那几位同学，其他小组成员很少发言。③浅显的问题他们尚且能够自己思考，稍微有难度的就借助于参考书，甚至直接照搬答案。

（三）展示环节几乎成了成绩好的同学的"专利"

在讨论环节，基础好、思维敏捷、表达流畅的同学就已经预演展示环节了，所以在展示环节，他们更是信心满满，而学困生本来就没有参与讨论，在展示环节更是捉襟见肘，望而生畏，不敢参与。

二、解决措施及对策——如何唤醒

（一）与时俱进，提升自身专业水平，优化课堂结构，提高教学效率

教师要学会借鉴现代先进教学理论，优化教师主导、学生主体、训练主线的课堂环节，结合实际，突出重点。学生通过自学，大多数同学能解决的问题可以一带而过，学困生可以让组内同学在课余时间辅导，或者教师在课余时间针对性辅导。把课堂大部分时间用于攻坚克难，切忌面面俱到，争取每单元有侧重，每课有重点，结合在课堂检测中发现的问题，做好课后辅导。正如著名教育家陶行知所说："好的先生不是教书，不是教学生，乃是教学生学"。这样就会让学生清晰地感知课堂内容重难点的同时，又不会感觉每节课了无生趣，千人一面，有助于培养学生的学习兴趣。

（二）做好小组建设，合理分工，提升组员荣誉感

在考虑成绩的同时，结合他们的性别、兴趣、班级成员的人际关系及课上的表现，保证每个小组都有高中低三个层次的学生。这样的分组可以让学生优势互补、相互促进，还可以让各小组为后期的学习形成良性竞争打下基础。各小组为本小组设计组名、组徽、小组口号、小组规章制度等，学生自己制定的规则他们更容易遵守，比如不迟到、上课不做小动作、按时交作业等；还可以建立合作常规，如在讨论中怎么分工，谁是主发言人，谁是记录员，谁是总结者，谁是补充质疑者，谁是展示者等，这样就保证了每组成员人人有事做，事事有人做，不会有课堂的游离者。在这些规章和常规的要求下让他们有归属感、荣誉感，从而为他们以后进行良性竞争打好基础。

（三）发挥学生个性优势，建立积极的激励评价机制

每个班里都有一部分自信阳光、踊跃发言的同学，我们可以借机给这部分同学一个展示自我的平台，增强他们的表现欲，如建立相应的激励评价机制，因为在分组的时候，各小组成绩基本是持水平相当状态的，可以在一个月进行一次总的评比，评比内容包括小组成员的月考成绩总和、纪律、卫生等几方面。教师准备一面流动红旗，在每次评比之后，郑重地发给总成绩最好的小组。这样的激励机制不仅可以促进小组成员在成绩上更上一层楼，还可以尽量避免不守班规如迟到、不做卫生等事件的发生，从而降低班主任管理的难度。还可以在每次月考之后，让每位同学在班级范围内找一个PK的同学（本次成绩比自己高）作为竞争对手，并邀请学生上讲台，说出挑战宣言，然后在下次月考之后继续追踪，超过对手的可以联合家长对学生给予相应的物质奖励。结合实际来看，我班采取了以上种种措施，收效颇丰。

（四）注重学困生

注重学困生，以发现他们身上的闪光点，实施分层教学，让每位同学都学有所获。

美国著名心理学家威廉·詹姆斯说过："人性的最高层的需求就是渴望别人欣赏。"每个学生，无论是学优生还是学困生，心中都有一种潜在的上进心和荣誉感，教师要做的是保护好每位同学尤其是学困生的上进心，我们要用自己的慧眼，去努力发现每位学困生身上的闪光点。但是作为教育者，我们也能看到学困生的学习能力、思维能力、学习习惯确实存在不足。我们应该承认差异的存在，正如孔夫子说过："求也退，故进之；由也兼人，故退之"。因材施教具体而言就是针对不同程度的学生实行分层教学，教学目标分层、施教分层、训练分层、辅导分层、评价分层及作业分层等，基本分为三类：低层学生完成基础即课标基本要求，中等学生完成中层目标即课标所有要求，优秀学生完成高层目标即适当拓宽课标要求。分层教学看似给教师增加了负担，但是它的好处也是不言而喻的。它不仅有利于所有学生成绩的提高，课堂效率的提高，还能提高教师的全面能力，更重要的是对培养学困生的自信心和学习热情都有举足轻重的作用。

三、结语

课程改革为课堂教学注入了源源不断的活水，而课程改革的成败取决于学生的主体地位能否落实，结合中学生的年龄特点，尝试唤醒学生，做到醒而教之，努力激活课堂教学，使课堂教学真正成为学生学习的乐园。这既是还原学生课堂主体地位的有效途径，也是作为为人师表者提升教学技能、实现人生价值的重要保证。

以学科"目标生"促学科"目标教学"

对于一线教师而言，目标教学中最大的挑战就是抓中间生，抓中间生就是抓目标生，就是抓"牛鼻子"。抓中间生对于我们生源相对薄弱、教学质量相对落后学校的教师是一种巨大的挑战。学生之所以能成为中间生，就是因为这部分学生的基础知识薄弱、学习习惯不好、学习效率低且长期缺乏学习的兴趣和主动性即缺乏内驱力。教师要提高目标教学效率，就要把每个学科的中间生确定为目标，即作为目标生来抓，促进本学科的目标教学，以下就是笔者在高中英语目标教学中狠抓目标生的具体做法。

一、把唤醒放在第一位

要始终贯彻"醒而教之"的教育理念。这些学生不会的知识不及时、大胆地问老师，上课因为胆怯不积极主动举手发言，写作业只是完任务而已，也因为长期缺乏老师在学习和生活上的关注和鼓励，学生感受不到温暖和激励，缺乏上进心和内驱力，所以，要解决"目标生"学习上的问题，首先要解决他们的思想问题。因此，唤醒学生是第一位。要用关心和耐心拉近教师和学生之间的距离、走进学生的心里，让学生愿意相信你、信任你和接受你，愿意按照你对他的要求一点一点地去做，正所谓"亲其师，信其道"。教师上课要关注目标生，及时了解和把握目标生对于每节课内容的掌握情况，更要多提问目标生，多给目标生课堂上展示的机会，多给目标生投去赞许的目光，并在课下耐心、细致地辅导目标生，解决他们本节课没掌握的知识点。放大目标生的优点，帮助目标生逐渐树立自信心，激发目标生学习的兴趣和学习的动力，教师用耐心、细心和真心温暖学生、照亮和引导学生，让学生重新赢得自信，不断取得进步，体会成功的喜悦。

教师在唤醒学生的同时，还要有刀刃向内的勇气唤醒自己。教师首先要树立观念转变传统讲授式的教学模式，打破以往的教学思路、教学方法。教师要树立课标意识和知识建构意识，而不是知识灌输意识。课堂上不能以教师的讲为主，而应该以学生的学为主，坚持"学、讲、练、纠"的闭环教学模式。教师可根据学生认知的规律，把教学设计按照知识问题化、问题层次化，让学生先通过自主学习，内部消化一部分简单的基础知识，教师了解学生已掌握的知识点和易错知识点，然后再针对性地精讲、细讲。讲完之后，再让学生对这部分知识进行强化限时训练。在学生限时训练时，教师不能在审题、做题技巧、考点梳理等方面提示与干扰，要确保学生独立的思考答题状态，培养学生的应试能力。在学生独立限时训练结束后，学生可以利用黑板或实物展台，展示自己的做题过程和讲解做题思路。教师可根据学生在审题、理解、表达、书写等方面出现的问题针对性地及时纠错。最后利用6~8分钟进行本节课知识点的课堂检测，培养学生独立的解题能力和应试能力。在检测后，教师要及时进行统一批改，利用下节课的前3~5分钟时间把上节课当堂检测的典型错题统一纠错。这样完整的"学、讲、练、纠、再纠"的大循环闭环课堂模式，学习目标清晰、教学重点突出、以题为媒、聚焦课堂、聚焦考试、讲练结合、教考结合，确保了教师的精讲、学生的精练、调动了教师和学生的课堂积极性，让学生参与板展、纠错以及针对错题的讲解，锻炼了学生的思维、做题能力、语言表达能力，有助于提高课堂效率，促进教师专业能力的提升。

二、关注目标生的课堂表现

要切中要害，向课堂要效率，事半功倍。

教师的主阵地在课堂，教师要提高目标生的成绩，就要在课堂设计上下功夫，向课堂45分钟要效率。教师应做到以下几方面：①每节课提问目标生一次，关注目标生课堂表现。②教师可提前把基础知识性的任务分层、细化布置给目标生，让目标生课前做好准备，再在课堂上面向全班同学讲解与展示，给目标生创造一个再次消化、加深对新知识的理解、加强对新知识的应用的机会。③可以安排目标生在课堂参与板展和讲解环节，既能锻炼目标生的语言组织表达能力，促使目标生对课堂知识点的掌握，也能增强目标生的自信心，从而激发目标生学习的动力。让目标生带动少数学生在课堂上先"活"起来，做到"抬头、挺胸、睁大眼"，再让少数学生辐射和影响其他学生在课堂上积极主动发言，最终形成以点代面、紧张有序、活跃高效的课堂氛围。

三、加强对目标生的课外辅导

除了课堂上关注目标生，课下也要加强对目标生的辅导。教师要做到以下几点：

（1）"30＋1"的模式：教师课外每天30分钟辅导目标生1道题，任务要提前有针对性地布置给目标生。

（2）细化30分钟："学、讲、练、纠"的闭环作业，突出实效。让目标生自己审题、独立做题、教师再批改、纠错和针对性讲解。合理分配30分钟，进行"学、讲、练、纠"的闭环模式辅导。

（3）教师采用以新带旧的辅导方式，首先要帮助目标生消化当堂新知识，通过讲解、消化新知识，以达到巩固旧知识的目的。

（4）定期检测：凡测必改，凡改必纠。教师做好目标生的检测、纠错和二次检测。凡是测试就要及时批改，对于批改时暴露出的有代表性的问题，再次集中统一纠错，可在下节课前3~5分钟纠错，也可采用检测题二次纠错，真正让学生把易错点通过反复训练最终得以巩固。

（5）做到每天一见面：教师和目标生每天一次见面谈话，了解目标生知识掌握的情况，做好目标生的心理疏导和唤醒。

（6）教师认真统计、分析目标生的月考、期中、期末成绩，总结目标生进步的原因和以后的改进措施，为目标生制订新的学习目标，促进目标生更高更快地发展。

作为一线教师，首先要唤醒学生，还要有刀刃向内唤醒自己的勇气；向教师的主阵地——课堂45分钟要效率，按照"学、讲、练、纠"的闭环课堂模式提高课堂效率；耐心细致地做好课下30分钟的辅导，每个学科的目标生水平提升了，每个学科的目标教学也就达成了。

高中英语教学中学生创新思维
能力的培养策略

现阶段，创新型人才是我国非常紧缺的人才。所以，为了更好地为国家输出更多优质的人才，我国教育体系必须将创新型人才的培养作为一项重要目标。高中英语教学是创新型人才培养的重要途径。在开展高中英语教学时，教师不仅要重视语言教学，而且要重视学生创新思维能力的培养教学。但是，从当前高中英语教学的实际情况来看，由于受到教学观念以及方式的阻碍，一些英语教师的创新思维能力培养教学开展得并不理想，严重影响了学生创新思维的发展。因此，为了更好地发展学生的创新思维能力，教师必须要对英语教学的策略进行改进。

一、高中英语教学中创新思维能力培养的影响因素

（一）师生观念的僵化

高考是高中生学习生涯的重要转折点。高考成绩直接决定着他们未来的命运。在高考制度的影响下，高中生每天面临着巨大的学习压力，教师也面临着相当大的教学压力。为了提高升学率，提高学生的高考成绩，大部分英语教师将英语教学的关注点全部放在了语言知识的单纯教学上，而在一定程度上忽略了学生英语多方面学习能力的发展。在这一大背景下，许多英语教师缺乏创新思维能力培养的意识，在具体的教学

中，不能够针对学生的思维情况设计教学，导致教学活动过于程序化，严重阻碍了学生创新思维意识的形成。

（二）教学模式单一、滞后

学生创新思维意识以及能力的培养与教师的教学模式存在着紧密的联系。在多元化的教学模式下，学生可以从多角度、多层面思考问题，逐步地促进自身创新思维能力的发展。在单一的教学模式下，学生不仅难以提起学习兴趣，而且思维也会受到限制。但是，从英语教学的现状看，部分英语教师的教学方法存在严重的单一性，针对所有教学内容，采取千篇一律的教学模式，导致学生的创新意识被磨灭，思维被禁锢，从而不利于他们今后的学习和发展。

二、高中英语教学学生创新思维能力培养的策略

（一）创新英语教学的观念

1. 构建和谐的师生关系

教师和学生是英语课堂上教与学的两大主体。这两大主体的关系如何直接影响着最终的教育效果。对于创新思维能力的培养教学而言，师生关系的构建也是非常重要的。但是，目前许多教师在教学中并不重视师生关系的构建，导致学生出现了厌学的心理，非常不利于学生思维能力的发展。因此，为了更好地发展学生的创新思维能力，教师可以采取鼓励式教学的方式，与学生构建良好的师生关系，消除学生的畏惧心理，帮助学生攻克英语学习的难点，有效促进他们创新思维能力的发展。例如，批改学生的考试试卷时，教师可以针对不同的学生，给他们分别写一些鼓励性的英语话语，如"As long as you work hard, you will reap rewards"、"The future needs to be created by oneself"等，通过激励性的语言，帮助学生树立英语学习的信心，提升他们学习的积极性，从而为今后学生创新思维能力的培养打下基础。

2. 尊重学生的学习主体性，给学生提供表达的机会

在以往的高中英语教学中，课堂的主体节奏由教师完全把控，学生很少有机会进行自由表达，这就在一定程度上抑制了学生的创新意识以及能力发展。新课改之后，许多英语教师认识到学生口语表达的重要性，也尝试给学生提供表达的机会，但是由于教学方式的程序化，导致学生的创新思维发展的空间不足，从而创新思维培养仍难以落实。因此，要想提升学生的创新思维能力，教师需要创新口语教学，给学生提供良好的口语表达环境。例如，教师可以开设班级英语角，让学生运用英语进行自由的表达，给学生提供语言表达以及思维创造的空间，从而有效推动他们英语学科素养的发展。

（二）创新教学的方式和方法

1. 开展小组合作学习，促进学生思维的碰撞

在高中阶段的学习中，学生每天都有做不完的作业，学不完的课程，很少有机会静下心来进行交流。在这种学习压力下，学生的天性被压制，非常不利于他们的发展。小组合作学习模式在英语教学中的开展，不仅可以缓解学生的学习压力，释放学生的天性，还可以有效促进学生之间的交流互动，促进他们思维的碰撞，实现他们创新思维能力的培养。因此，高中英语教师要根据学生的英语学习能力以及认知水平等，将学生划分小组，有效开展小组内的合作互助学习。例如，在开展"Travel journal"这一单元教学时，在教学的开始，教师可以将学生分成小组，让学生在小组内讨论一下自己旅游所去过的地方以及发生的事情；然后，教师将本单元学习的主动权交给学生，让学生以小组的形式对"Travel journal"这一单元的知识进行深入的学习，在学习的过程中，学生可以发表自己的学习建议；最后，在小组学习结束之后，教师可以引导学生制订旅游计划。这样不仅可以提升学生英语学习的乐趣，而且可以有效促进学生创新思维的发展。

2. 运用思维导图开展教学，培养学生的创新思维

要想培养学生的创新思维首先需要发散学生的思维。学生只有发散了思维，才可以在学习中进行创新。所以，在高中英语教学中，教师要想落实学生创新思维能力的培养，需要发散学生的思维。对于英语教学而言，发散学生思维的教学模式很多，思维导图辅助教学就是其中一种。在高中英语教学的过程中，教师有效借助思维导图，将英语知识进行整合，帮助学生建立起知识之间的联系，可以有效发散学生思维，从而逐步地帮助学生养成创新思维能力。例如，在讲授"Healthy eating"这一单元知识时，教师可以给学生事先绘制好以健康饮食为中心的树状图，引导学生根据思维导图对健康饮食的知识点进行梳理。然后，在学生对"Healthy eating"的知识点梳理完毕之后，教师引导学生根据自己对本阅读文本的理解，绘制以健康饮食为中心话题的思维导图，建立起各个知识层级之间的关系，促进学生思维的发展，从而在无形之中提升他们的创新思维能力。

（三）优化教学环境，激发学生创新的动力

教学环境对于学生创新思维能力的发展有着重要影响。在高中英语教学中，教师有效构建语言学习环境，可以激发学生语言交流的兴趣，提升他们的创新动力。因此，高中英语教师要重视语言环境的营造，利用环境激起学生创新的欲望，从而有效提升英语教学的育人价值。例如，在开展"The power of nature"这一单元教学时，教师可以利用多媒体设备给学生呈现有关大自然力量的视频，让学生直观地感知大自然的力量；然后，运用该视频引导学生对大自然进行讨论，主要让学生结合现实生活，讨论如何保护自然、探索自然，从而提升他们对大自然的敬畏之情；最后，在学生讨论的时候，教师可以引出本节课的教学内容——"The power of nature"。这样不仅可以保持学生学习的兴趣，而且可以为其创新思维意识以及能力的培养奠定基础。

三、结语

　　总而言之，创新思维能力的培养对高中英语教学非常重要。因此，高中英语教师要将创新思维能力的培养作为自身教学的一个重点目标，对当前英语创新思维能力培养教学的困境进行分析，运用多元化的教学手段以及策略，提升学生创新的兴趣以及动力，从而全面促进学生创新思维的发展。

高中英语教学如何启发学生自主学习

在过去的高中英语教学中，存在学生的学习过分依赖教师的问题，使学生缺乏自主学习的意识和能力，这将会抑制学生学习的潜能，阻碍学生的学习和发展。在素质教育背景下，学生自主学习能力的培养越来越受关注，由于传统教学模式在培养学生自主学习能力方面的不足，作为高中英语教师应该探寻更多创新的教学方式和策略，以更好培养学生的英语学习兴趣、自主学习能力和自主学习习惯，进而为学生英语综合能力和素养的提高奠定基础。

一、高中英语教学中培养学生自主学习能力的价值

1. 有利于学生利用碎片时间

随着社会的快速发展，人们的生活节奏也随之加快，利用碎片化时间完成学习和工作任务，已经越来越常见。在高中英语教学中培养学生的自主学习能力，学生自主学习的意识会更加强烈，会在更多碎片化的时间内学习单词、句型、阅读、写作、口语表达等，让英语课程学习越来越系统和完善。通过合理运用碎片化时间，学生英语学习的质量和效率会不断提高。

2. 有利于丰富学习内容

在高中生的英语学习中，如果不具有自主学习的能力，那么学生的学习就会局限在教材和课堂两方面，学习的范围过小，这将会给学生的

英语学习带来不利影响。通过在英语教学中大力培养学生的自主学习能力，学生会始终具有自主学习的意识，会主动探寻教材和课堂以外的学习途径，从而获得更多新的知识。比如，课下观看一些英语电影，听一些英语时事新闻，可以帮助学生了解更多西方国家的文化，丰富学生的学习内容。再如，学生可以借助自己课下的时间，搜集一些适合自己阅读的英文书籍，阅读英文版的《傲慢与偏见》《雾都孤儿》等，还可以在网络中寻找英语类的网站，从中学到更多新鲜的知识。由此可见，通过引导学生认识到自主学习的价值，学生会逐渐养成在生活中探寻多样化学习途径的习惯，这对于学生学好英语十分有帮助。

二、高中英语教学中的问题

就目前的高中英语教学来看，在启发学生自主学习方面仍存在较多问题，主要体现在如下几方面。

1. 自主学习能力的培养不受重视

在新课改背景下，虽然大多数英语教师在经历了学习新课程标准之后，意识到了培养学生自主学习能力的重要性，也将其作为了重要的教学目标。但是，很多教师习惯了过去的教学模式，一时还无法摆脱传统的教学理念和模式，使学生依然处于被动学习状态。这就会导致学生的学习依然过于依赖教师，无法独立自主学到更多知识，影响了学生的英语学习和发展，也阻碍了有效英语课堂的构建。

2. 教师缺乏自主学习的启发能力

在高中英语教学中启发学生的自主学习能力，教师具备启发和引导能力极为必要。但是，很多教师由于缺乏对培养学生自主学习主题的研究，缺乏相关的理论知识与实践经验学习，所以在组织学生自主学习的过程中，无法为学生提供启发和引导，影响了对学生自主学习能力的培养效果。

三、高中英语教学中启发学生自主学习的建议

1. 为学生提供自主学习的机会

课堂是学生学习的主要场所，所以，在日常英语教学中，教师应明确学生的课堂主体性，要将课堂还给学生，为学生提供更多自主学习的机会，让学生积累更多自主学习的经验，提升学生自主学习的效果。比如，教师应利用好课前五分钟时间，让学生用英语自由谈论，如聊一聊自己最近看过的电影、读过课外书籍的感受；说一说自己在上学路上遇到的各类趣事；谈一谈自己在预习新课中遇到了哪些困难等。还可以根据上一单元后面的Speaking 和Talking进行口语练习，让学生围绕其主题积极讨论，对学生的真实学习情况有更全面的了解。课前五分钟活动的开展，学生们积极参与到了自己感兴趣事物的表达中，不仅让课堂教学的氛围更加活跃，还在一定程度上培养了学生的自主学习意识和能力，这样就达成了高中英语教学中启发学生自主学习的教学目标。

2. 为学生提供自主学习的空间

高中生正处于升学的关键时期，大多数英语教师为了帮助学生取得理想的高考成绩，会在课堂中努力讲更多内容，并在课下为学生布置各类作业，如积累词汇、做英语阅读题、写英语作文等，学生的课上课下时间被安排得满满的，缺乏自主学习的空间。此种过于急切的教学模式，缺乏为学生预留自主学习的空间，使学生无法根据自己真实的学习情况，进行针对性的学习，也无法对学到的知识及时消化与延伸学习，反而会影响学生的学习效率，也会影响学生的考试成绩。因此，高中英语教师要想启发学生自主学习，就需要为学生预留充分的自主学习的时间和空间，让学生能够进行自主学习。比如在教学"Body Language"之前，教师可以为学生预留2分钟左右的时间，让学生检查一下自己的预习成果，如生词是否突破，重难点是否了解，是否明确了学习的目标。此外，在完成本节课的教学之后，也要为学生预留充分的时间，由学生独

立练习，也可以由教师根据学生实际学习情况提供练习内容，强化学生的学习效果。教学实践表明，通过将学生的自主学习贯穿在各教学环节中，学生可以在充分的自主学习时间内，找到自主学习的方向，掌握自主学习的方法，更好达成了对学生自主学习能力和习惯的培养，同时也提高了高中英语课堂教学的效率。

3. 为学生提供丰富的微课内容

高中英语学科相较于数学、化学等学科，看似会容易一些，但是该学科涉及的知识点繁多复杂，学生学习起来也不简单。就以"Poems"一单元为例分析，它涉及了多项内容，既包括虚拟语气词用法、动词过去式用法，还包括were to+动词原形等，学生在学习过程中，会出现理解不透、记忆混淆等问题。而在启发学生自主学习的过程中，教师可以将"Poems"涉及的各项内容，以分解性微课视频呈现给学生，这样就能够让学生在自主学习中，深化对知识的理解，掌握分解学习的方法，并且发展学生的自主学习兴趣和能力。

四、结语

综上所述，在高中英语教学中启发学生自主学习，能够让学生在更加有效的学习中，获得语言能力、素养和成绩的提高。因此，高中英语教师应明确培养学生自主学习能力的价值，并可以从给学生提供自主学习机会、提供自主学习空间和提供丰富的微课内容等方面入手，不断提升对学生自主学习能力的培养效果，进而打造高质量的英语课堂。

新课改下高中体育特长生英语学习兴趣的调查研究

新课程标准倡导在教学中重视学生的学习兴趣，让学生保持积极的学习态度。培养学生的学习兴趣，有助于增强学生的学习热情，激发学生的学习动机，帮助学生树立信心。因此，培养学生的英语学习兴趣意义重大。本研究以兴趣与动机理论为指导，研究对象为宁夏师范大学附属中学体育特长生。主要研究方法包括问卷调查、访谈、课堂观察等。研究问题为探讨英语学习兴趣的影响因素及如何有效改善高中体育特长生的英语学习兴趣。

本研究发现，影响高中体育特长生英语学习兴趣的因素很多，包括师生关系、课堂活动设计、教学辅助工具，以及学生合作学习的态度等。具体而言，影响体育特长生英语学习兴趣的因素包括教师对学生的关注程度，教学环境，教学方法，家长对学生学习的关注程度，社会对体育特长生的态度，以及体育特长生自己的英语学习态度等。本研究发现，只有充分运用积极因素，及时调整教学计划，优化教学方法，丰富教学形式，学会适应学生，做到因材施教，才能提高体育特长生对英语的学习兴趣，帮助他们真正学好这门课程，提高英语考试成绩。本研究意义在于通过本论文的撰写，引起英语研究者、教育者及学习者对高中体育特长生英语学习兴趣的关注，让教师坚持"以学生为中心"，不断优化教学方式，提高教学技能。

一、引言

（一）研究背景

随着新课程改革的不断推进，新的英语课程理念层出不穷，因此对英语教学也提出了更高的要求。长期以来，我国的高中英语教育侧重于教师的主导地位和引领作用，却忽略了学生自身情感态度的需要及发展。对于体育特长生英语的学习态度和兴趣关注比较少，很少有人详细了解兴趣的影响因素，也很少有人尝试利用积极因素激发学生的英语学习兴趣，提高他们的学习成绩。也有一些教师认为体育特长生的文化课基础太薄，短期内难以提高，干脆放任自流。因此，很多体育特长生对英语学习缺乏兴趣，英语学习成了他们的负担，甚至是体育特长生成长道路上的绊脚石。笔者的工作单位为宁夏师范大学附属中学，位于宁夏南部，属于集中连片贫困地区。学校生源相对较差，而且大多来自农村，正是这一特殊性，有体育天赋的学生很多。近年来，学校立足实际，充分发掘比较优势，大力发展体育教育，广泛培养体育特长生。学校每年会招收100多名体育生，除专门设两个体育特长生班外，还有一些体育生分散在不同班级，现阶段在校体育生多达200余人，学校体育成绩名列自治区前茅。经过体育教师们的精心训练，部分学生已成为国家一级运动员和国家二级运动员，在自治区运动会上常常获得奖牌，部分学生代表自治区参加青运会并取得优异成绩。在这个特殊群体中，来自农村贫困家庭的占60%左右。他们的茁壮成长，是家庭的希望所在。他们能否成才，关系着万千家庭能否持续稳定脱贫。帮助他们成长，对社会具有重要影响。一般情况下，大多数体育特长生都想通过体育训练，凭借自身特长进入大学。但从现实情况来看，许多体育特长生会因为文化课成绩太低特别是英语成绩差而被大学拒之门外。因此，如何培育他们的英语学习兴趣，提高他们的英语成绩，是急需解决的问题。

众所周知，体育特长生具有体育天赋，大多数性格开朗、热情大方。然而，他们中的大多数人却觉得英语学起来很难，对英语学习缺乏兴趣，英语成绩较差。为什么这类学生不喜欢学英语？影响英语学习兴趣的因素有哪些？通过哪些教学手段可以调动他们的英语学习兴趣？

（二）研究目的

许多研究表明，英语学习兴趣在英语学习过程中起着非常重要的作用，只有学生充满兴趣，他们才会更加乐于学习，获得知识也就更加容易。本研究旨在研究影响高中体育特长生英语学习兴趣的因素以及基于这些影响因素如何提高体育特长生的英语学习兴趣。把研究成果与教育同仁分享，让大家知道影响高中体育特长生英语学习兴趣的因素，并在教学过程中通过积极因素的运用，激发、培养学生的学习兴趣，帮助他们树立信心，调动他们学习英语的积极性和主动性，最终提高他们的英语成绩，让他们成功迈进大学之门，为他们实现理想奠定基础。

（三）研究意义

1. 理论价值

学习兴趣是学生认识事物的倾向，是一种积极、主动的意愿，会伴有良好的情感体验。因此，具有浓厚学习兴趣的学生，学习会成为一种自觉行动，会不由自主地沉浸其中，甚至会废寝忘食，不亦乐乎。在考试中他们的成绩一旦有所提升，就会很有成就感，心理会得到极大的满足，这将进一步丰富和促进学习兴趣的深化，不断产生新的学习需求。可以说，学习兴趣是学习动机中最活跃的成分，是促进学生学习活动的重要内在动力。

按照《普通高中英语课程标准（2017年版2020年修订）》要求，在教育过程中应重视学生的情感态度。教师要激发和增强学生的学习兴趣，引导他们自觉、快乐地学习英语，帮助他们树立学好英语的信心。

研究英语教育课程的理论和方法，可以为英语教学提供理论依据，也可以将一些方法应用于实践。关于提高体育特长生的英语学习兴趣的理论研究，可以为教师培养和提高体育特长生的英语学习兴趣提供指导，有助于营造良好的英语学习课堂氛围。

2. 现实意义

兴趣是成功的基石。教师应该意识到培养学生英语学习兴趣的重要性。沃尔特等人通过对中学生调查发现，对学科不感兴趣是导致学生成绩欠佳的主要原因，兴趣是除努力之外解释学习优异的第二重要因素。教师应聚焦学生的关注点，不断创新英语教学方法，提高学生的学习兴趣，强化学生的学习积极性。只有培养起英语学习兴趣才能让体育特长生认真学习英语，考出理想成绩，顺利进入大学。但现实并不如此，应试教育看中的是分数，教师们唯分数马首是瞻，并不注重培养学生的英语学习兴趣，靠强制性的灌输让学生掌握知识点。因为对兴趣关注得不够，所以体育特长生成了教师眼中的学困生，是被忽视的对象。通过研究高中生的英语学习兴趣，特别是隐藏在其背后的重要因素，就可以得到一些新的理论和方法，补充以往的教育理论，最终找到提高高中生英语学习兴趣的方法，让高中生特别是体育特长生轻松进入英语课堂，愉快地接受英语。

（四）论文的总体结构

本研究主要从以下五个部分分析宁夏师范大学附属中学体育特长生英语学习兴趣的影响因素。

第一部分为引言，主要介绍了研究背景、研究目的、研究意义和论文的总体结构。

第二部分为文献综述，首先介绍了兴趣的概念，包括兴趣的分类、兴趣的性质。同时，对国内外研究、理论基础依次进行了详细介绍。

第三部分为研究设计，包括研究问题、研究对象、研究方法、数据收集及研究步骤。研究者列出了 3 个具体研究问题。接着以宁夏师范大学附属中学一个体育特长班和分散在普通班的 60 名体育特长生以及 10 名高中一线英语教师为研究对象，通过调查问卷、调查访谈、同课异构的行动研究等方法进行深入研究。

第四部分为研究结果与分析，详细阐释了问卷调查，个人访谈，课堂观察的结果并加以分析。

第五部分为结论，根据调查问卷、调查访谈、同课异构进行总结归纳，得出影响高中体育特长生英语学习兴趣的因素，有针对性地提出意见建议。同时提出本研究的局限与未来研究展望。

总之，本研究试图探讨影响高中体育特长生英语学习兴趣的影响因素，希望对学生、教师和研究人员提供帮助。

二、文献综述

（一）兴趣的概念

兴趣被定义为一种想要知道或学习某事物的状态，这等于好奇和关心。兴趣是一种从一个人与他或她的环境的互动中产生的现象，它指的是一种想要知道、学习、看见或参与某事的感觉，它可以激发学生的积极性和主动性，促进成绩的取得。

爱因斯坦说过："兴趣是最好的老师。"兴趣是需要的表现，它常常直接或间接地与人们的需要联系在一起。如果一个人对某事感兴趣，他们会倾向于接近这个兴趣，积极参与相关的活动。兴趣是一种在强或弱的意愿中理解一些事情或某种爱好的倾向，这是情感的表现。这种倾向总是和愉快的感觉联系在一起。如果愉快的经历越来越强烈，那就意味着你越来越感兴趣。兴趣是人们积极认识或关心某事或活动的一种心理倾向。它是一种能够促进人们学习知识的内在力量。

一方面，兴趣可以分为直接兴趣和间接兴趣。直接兴趣是由英语学习或英语活动引起的。这可能是由于外部奖励或来自教师和家长的压力，也可能是因为同学之间的竞争。直接兴趣比间接兴趣更强、更具体、更有效。间接兴趣是由学习英语或英语活动的目的或结果引起的。英语学习中的直接兴趣和间接兴趣是相互联系、相互补充的。在特定条件下，直接兴趣容易受到偶然因素的影响，它需要得到间接兴趣的强化。因此，它可以使学习英语更有意义。间接兴趣应与当前的英语学习活动相结合，这将使大目标更加切合实际。随着学习的深入和学生实际英语水平的提高，学生会具有获得感，会进一步激发他们的求知欲、坚定他们学习英语的信心，他们会对学习英语越来越感兴趣。

另一方面，兴趣的性质包括兴趣的广度、兴趣的中心和兴趣的稳定性。人们的兴趣有广义兴趣和狭义兴趣之分。广泛的兴趣促使人们接触和关注许多事情，获得广泛的知识。但人们的精力有限，想要获得成功，就必须把广泛兴趣同中心兴趣、稳定兴趣结合起来。兴趣中心是指广泛兴趣的中心。它能够使人们获得深刻而专业的知识，形成人类知识的核心。只有把各种兴趣和兴趣中心结合起来，才能构成高质量兴趣。此外，只有具备长期稳定的兴趣，才能获得系统深刻的知识。稳定的兴趣是成功的必要条件。心理学研究还表明，如果一个人做他感兴趣的事，他就有可能发挥超过80%的智力潜能。如果没有，智力潜能大约为20%。因此，对于学习者来说，激发学习兴趣有助于培养他们高度专注、敏锐的观察力。兴趣是学习热情中最活跃的因素。通常，当学生对学习产生兴趣时，他们会产生积极的学习意图，这有助于培养清晰的意识、积极的思维和稳定的情绪。兴趣在学习中确实起着非常重要的作用。夸美纽斯指出，兴趣是创造快乐明亮的教学环境的途径之一。一项调查证明，成绩不理想的一个重要原因是学生对学习失去了兴趣。因此，学习兴趣是促进英语成绩最现实、最活跃的驱动因素。本文所涉及的兴趣是指人的学习兴趣，即人的学习积极倾向和情感状态。如果学生对某一学科感兴趣，他们将集中精力，提高学习效果。所谓兴趣是对某一对象的内在倾向和内在选择性。这种取向和选择性可以使人们排除一切障碍，并使他们去寻找、去发现。学习兴趣就像化学反应中的催化剂，也像工作中的助推器。英语学习兴趣是指人们倾向于学习或参与英语学习方法、英语语言规则、英语语言习得和实际应用等相关英语活动。作为英语学习最重要的因素之一，学习英语的兴趣对英语学习有很大的影响。它能使学生快乐、主动地投入英语学习中，具有一定的智能价值。

（二）国内外研究

1. 国外研究

著名教育家皮亚杰说过："一切智慧活动源于兴趣"。西方关于孩子学习兴趣的研究开始得较早。莫罗佐夫对幼儿兴趣进行了细致观察，根据他在 11 所小学初级班上的观察，孩子们对那些在某种程度上对他们具有挑战性，但不远超过他们当前水平的任务非常感兴趣。同时，他的研究表明，儿童的兴趣与教师的教学方法、技巧有紧密联系，因此他建议教师应利用多种技巧和活动，激发学生的学习兴趣。兴趣是需要的延伸，一切与智力有关的工作都应以兴趣为基础，它体现了对象与需要的关系。西方一些文献和报道中对非智力行为者的心理学研究始于 19 世纪末。然而，国外关于兴趣的研究大多集中在物理、数学等学科，或者集中在学习兴趣的重要性上，对英语学习兴趣的研究却很少。许多心理学研究表明，兴趣可以使人的感觉器官和大脑保持在最活跃的状态，使人们能够获得最好的信息。心理学家林德格伦就兴趣对学习成功与否的影响进行了调查，结果表明，兴趣而不是智力对其影响更大。同样，在音乐、阅读、写作、科学等学科中也曾开展了不同学习兴趣水平的研究。Schraw 和 Svoboda等学者对阅读情境进行了兴趣研究。他们以学生为研究对象，研究兴趣与活力、内容的紧凑性和普遍性的关系。2009年 1 月，英国教育学院提出了无聊教学的规则方法要摒弃，学习兴趣要加强的方案。他们想要放弃枯燥乏味的教学方法，提高学生的学习兴趣和积极性。独立而有趣的教学方法在美国也很受欢迎。但是不难看出，国外的相关研究侧重于对学习兴趣模式的研究，很少有研究结合英语教学实例。对于特定群体（如体育特长生）的英语学习兴趣的研究成果很少见。

2. 国内研究

早在春秋时期，孔子就提出了"知之者不如好之者，好之者不如乐之者"，但相关的研究真正开始于中国近代。在二十世纪，西方教育理念的广泛传播，引起了教育界的广泛关注。梁启超根据古人的"兴趣学"观，发表了最早的关于兴趣学的文献。他提出的"兴趣教育"思想，在我国教育史上扮演了重要的角色。他提出，教师在做到教与学的同时，也应该把注意力放在培养学生的学习兴趣上。因为教育的目的是让学生乐于学习，并能激发学生的学习兴趣。蔡元培提倡启发式教学，倡导改变教学现状，让学生产生学习兴趣。教育家陶行知先生提倡"教与学结合"的模式。他还提出，教学必须以学生的兴趣为中心，只有这样学生才能快乐地学习。这些都是体现学习兴趣的重要作用。毫无疑问，他们都具有进步的意义。改革开放以来，对学习兴趣的研究出现了新的局面。在对英语学习兴趣的研究中，我们有很多的研究成果。例如，常承玉指出，学生的学习兴趣控制着他们的注意力和学习欲望，这使学生努力学习，并且表现出极大的学习热情。

近年来，对学习兴趣的研究越来越多。其中大多数研究是关于中小学生学习某一科目的兴趣，如物理、化学、艺术等。有关高中体育特长生英语学习兴趣的文章较少。叶伯凡论述了提高高中体育特长生英语学习兴趣的必要性，并提出了相应的策略。杨利红以小学生为研究对象，试图提高小学生的英语学习效率。夏华娇根据关键期假设理论和学生的认知特点，探讨了兴趣在中小学英语教学中的重要作用。她还强调了对学生英语学习兴趣产生影响的教师因素，尤其是教师的教学热情和教学方式。于贝认为体育特长生的英语学习状况与自身对英语基础知识的掌握、学习方法、学习兴趣等是分不开的。同时，教师和现行的教育体系也起到一定的作用。通过分析造成这一现状的原因，于贝明确了体育特长生英语学习的特点，并提出了相应的英语学习方法。李红梅认为体育特长生花很少的时间学习英语，他们的基础很薄弱。在学校他们把训练和学习结合起来，既是学生又是运动员。为了应对学校的各种体育活动，他们在体育训练上投入了大量的时间和精力。与普通学生相比，这类学生在英语学习上的投入自然较少，对于英语这样一个以积累为导向的学科，数量的积累不能满足基本要求，也不会收到好的学习效果。他们的英语基础一般不够扎实，阅读和写作这样的输出学习远未达到标准。因此，英语学习的薄弱基础也是一个完全可预测的结果。李红梅还指出基于目前英语学习中能量投入不足的现状，他们的英语输出表现将不是很理想，这将导致英语学习中的强烈挫折感明显，没有成就感和习得感。由于学生缺乏自信，他们不能积极参与到英语课堂活动中。久而久之，学生的学习积极性没有被提高，也没有激发学生的学习兴趣。因此，他们的英语学习将受到限制，这是体育特长生英语学习的真实反映。张娅指出，教师在体育特长生教学方面投入不足，对学生因材施教的重要性还有提高的空间。由于体育特长生在英语学习方面的客观条件的限制，体育特长生与普通学生同在的班级，教师往往按照普通学生的基础来完成教学内容。正因为他们在同一个班级，教师往往忽视体育特长生的学习基础，不会根据个别学生的学习状况，适当调整教学内容，这不利于因材施教，也不利于提升体育特长生的学习效果。学习兴趣的培养一直是许多研究者关注的话题，但是国内相关研究的对象比较局限，大多数研究是关于小学生、中学生和高职生的，关于高中生英语学习兴趣的论文很少。而在体育特长生教育这个领域，很少有关于高中体育特长生英语学习兴趣的论文。本文通过对高中体育特长生的调查研究，找出影响他们学习兴趣的外在教学条件因素以及内在因素，从而更好地服务于教学，服务于教育事业，服务于社会。

（三）理论基础

1. 兴趣理论

杜威是第一个强调学习兴趣重要性的人。杜威指出，是兴趣而不是努力导致了更有效的学习。他对兴趣做了两种基本假设。首先，他认为在课堂上必须表现出兴趣，以满足智力和个人需要。其次，通过给学生提供各种素材和机会来培养兴趣，促进挑战。杜威在《我的教育信条》《民主与教育》《学校与社会》等书中论述了兴趣的作用。

杜威的兴趣教育思想具有教育学、心理学和哲学的理论基础。在学生学习过程中，生存能力是成长过程的开始阶段。教师期望学生通过一系列教学达到的能力是目的和终点。杜威的兴趣教育观强调学生的自发需求，是一种关注的态度。兴趣对学生的成长和发展起着重要作用。它是学生顺利开展活动的根源和持久动力，是自发的、没有被外界灌输和强迫的。

杜威对培训的重视与应试教育中的题海战术有着本质上的区别，他所指的兴趣也不同于教育培训机构中的各种兴趣班。培训并不是简单的重复，而是有目的和有效的培训，能够为学生自主探索留出更多的空间，让他们充分感受到学习的乐趣，不会把学习当成一件可怕的事情。通过培训，不仅可以巩固知识，而且可以更好地培养学生的兴趣和创造力。培训的过程是学生充分利用现有资源，依靠自己的智慧，最终达到学习目标。每位教师都要把握好训练方法，一定要避免机械和刚性的重复训练，减轻他们的压力，要采用科学的方法进行训练，使学习充满趣味性，让学生主动学习，乐于学习。杜威指出，教师的任务是了解学生与教科书之间的互动。作为一名教师，我们不仅要全面掌握教科书的内容，做到烂熟于胸，还要根据教学内容，了解学生的独特需求和能力，看哪种教科书适合学生，哪些教学内容是可以理解的。教材的选择和利用不能片面化、成人化，不能依靠成年人的思维来决定，要学会角色转换，学会换位思考，根据学生身心发展的规律，找准教材与学生之间的契合点，只有这样才能吸引学生，才能不断激发学生的兴趣，让学习成为学生的自觉行动。

杜威的学习兴趣理论影响范围很广，能够为研究高中生学习兴趣提供理论基础。其中，他认为兴趣是以兴趣情感为基础，具有特定目的的活动态度。同时，它也是促进活动的推动力。研究高中体育特长生的英语情感，对改善他们学习英语的态度益处很多。

2. 情感过滤假说

美国著名语言学家克拉申在他的"情感过滤假说"中指出，学习者在需求、动机、情感和兴趣等各种情感因素的影响下，将过滤语言输入而不是完全吸收。如果学习者对学习持有积极的情感，情感障碍就会越少，从而获得更多的可理解的输入。情感过滤是阻碍语言输入的重要因素。克拉申的情感过滤假说认为，获得语言的唯一途径是理解语言输入或获得可理解的输入。然而，可理解的输入并不总是有效的输入。这是因为情感过滤就像过滤器一样阻碍信息的输入。因此，研究体育特长生在接受语言材料输入的过程中经常受到的情感因素，对了解体育特长生英语学习情况有很大帮助。换言之，根据克拉申的情感过滤理论，如果学生保持积极的情感，那么他们受到的情感障碍就会小很多，并获得大量的可理解的输入。否则，他们会受到消极情感因素的影响，有效输入会很有限。因此，英语教学应关注学生的情感因素，对于体育特长生的英语教学更应如此。教师应帮助学生发展积极情感，克服消极情感，培养他们强烈的英语学习兴趣和动机，从而提高他们的英语学习效果。克拉申的情感过滤假说证明了英语学习过程中情感因素的重要作用，对教师提出了新的要求。

本研究充分利用兴趣理论和情感过滤假说的优点，将它们运用到对宁夏师范大学附属中学体育特长生的英语学习情况分析中。兴趣可以增强学生的英语学习积极性，最终提高学习效率。但是由于各种因素的影响，体育特长生的英语底子薄，对英语学习普遍缺乏兴趣，这就可以用克拉申的情感过滤假说来解释。正是由于其缺乏兴趣，对于英语教师来说，培养学生的学习兴趣既是教学目标，又是教学方法。教育工作者和教师们达成了共识：没有强烈的兴趣去追求他们的目标，就没有优秀的知识和技能。因此，学习兴趣培养被当作一种必要的教学方法，是提高学生学习成绩的有效途径之一。然而，传统的教学方法在英语课堂上经常存在，其教学过程使学生失去了学习兴趣。目前的英语教学多注重学生的知识和技能，而忽视了学生情感、态度、学习兴趣等非智力因素的培养，不利于学生的发展。因此，杜威从可能经验的态度、人的本能等方面分析和阐述了这种兴趣。杜威的兴趣理论强调学生在学习中的主体性，学生的主观能动性，但是对教师在教学中的主导作用和系统的学习知识有所疏忽。克拉申的情感过滤假说从语言输入中分析了兴趣。根据新课程标准，高中英语教学应以学生为中心，使学生能够主动建构意义。学生应该是英语知识的主动建构者，教师只是帮助者和促进者，其责任是激发学生的英语学习兴趣。因为根据杜威的兴趣理论，每一种兴趣都源于某种本能，而这种本能又反过来成为一种基于原始本能的习惯。只要养成这种习惯，学生会保持积极的情感，不会受到情感障碍的影响，从而获得大量的可理解的输入。

　　总之，基于兴趣对学生学习的影响，本文集中探讨宁夏师范大学附属中学体育特长生的英语学习兴趣的影响因素。对于英语教师而言，培养学生对英语学习的兴趣是必不可少的。对于体育特长生来说，兴趣培养必不可少。一般情况下，体育特长生英语基础差，畏难情绪比较重，很容易造成对英语学习的情感过滤。因此，如何利用积极因素，通过多种途径提高体育特长生的英语学习兴趣就显得至关重要。

三、研究设计

（一）研究问题

本研究以兴趣与动机理论为指导，采用调查问卷、调查访谈、行动研究的同课异构等方法，研究问题如下：

（1）影响高中体育特长生英语学习兴趣的因素有哪些。

（2）哪些因素在高中体育特长生英语学习兴趣中起着关键作用。

（3）基于这些影响因素，如何增强高中体育特长生的英语学习兴趣。

（二）研究对象

本文的研究对象包括宁夏师范大学附属中学一个体育特长班（班级有 40 名学生）和分散在普通班的 60 名体育特长生，并选取 10 名高中一线英语教师作为调查及访谈对象，了解教师对英语实践课堂活动的真实教学感受。这些教师既有二十多年从教经验的老教师，也有刚刚走上工作岗位具有新观念、善于创新的年轻教师。

1. 调查问卷

为了更有效地收集信息，鼓励学生表达他们的真实想法，调查问卷采用不记名法，这有利于学生如实回答。首先，对宁夏师范大学附属中学高年级体育特长生进行调查。本问卷按照英语学习动机、英语学习情绪和感受、学生对英语学习的态度、英语课堂的学习参与、英语教学态度等多维度设计，对体育特长生英语学习兴趣现状进行评价。调查问卷包括 16 个题目，目的是收集一些背景资料。同时，也针对教师设计了 10 个题目的问卷。学生问卷、教师问卷都设有多项选择，以了解学生和教师针对某项问题的回答。调查问卷旨在为实验设计提供一定的实践支持，使实验能更有效地提高体育特长生的学习成绩。受试者总数 110 人（包括 100 名学生和 10 名教师），其中收集学生有效问卷 100 份，教师有效问卷 10 份。

2. 调查访谈

笔者所教的班级有 6 名体育特长生，在教学期间，根据他们在课堂上的注意力情况、回答问题、交流合作的表现等适时与他们交流，近距离感受他们的真实想法、看法。结合他们的想法，本文有针对性地分别设计了教师和学生访谈问题，根据教师和学生的回答，就影响学生英语学习兴趣的因素进行了归纳总结。

3. 课堂观察

课堂观察是教师研究中广泛使用的一种研究方法。本文通过选择 1 个体育特长班、1 个普通班进行随堂观察，详细记录学生在课堂上的表现及英语教师的教学活动设计，为研究提供了有力的证据。课堂观察开展得很随机，教师和学生都没有受试者意识，他们的行为很自然、很真实，反映出的是课堂上真实发生的事情。在观察过程中，笔者做了笔记，详细记录了学生和教师的表现。

（三）研究步骤

笔者通过调查问卷、调查访谈、同课异构的课堂，研究影响高中体育特长生英语学习兴趣的因素，以及培养高中体育特长生英语学习兴趣的策略。具体步骤如下：

第一步：笔者向宁夏师范大学附属中学一个体育特长班的40名体育特长生和分散在普通班的60名体育特长生发放了调查问卷。主要目的是发现目前高中体育特长生的英语学习兴趣现状；他们对老师教学方法的看法、喜欢老师的原因、喜欢的授课方式、学习方式；等等。

第二步：有针对性地向10名宁夏师范大学附属中学的一线英语教师发放了调查问卷，主要了解教师对体育特长生的看法、师生关系状况以及目前教师采用的激发学生英语学习兴趣的方法，并寻找问题和不足，加以归类，提出意见建议，有针对性地去解决问题。

第三步：笔者采访了2名不同教龄的英语教师，掌握他们的教学观点、授课情况，对体育特长生学习兴趣的看法，以此发现更多激发和培养体育特长生英语学习兴趣的方法和建议。

第四步：对4名来自不同年级不同班级的体育特长生进行了采访，了解他们对英语学习的看法，存在的问题，寻找学生最喜欢的、能够激发和培养他们英语学习兴趣的方法。

第五步：笔者观察了2名教师的同课异构。目的是发现在两种不同风格的课堂上，教师们所采用的激发学生英语学习兴趣的方法和学生的课堂表现，寻找影响体育特长生学习兴趣的积极因素，进行归纳总结。

（四）数据收集

本研究数据从调查问卷、个人访谈和课堂观察中获得。其中访谈结果是通过与受访人面对面地交谈来了解受访人的心理和行为。本研究根据访谈进程的标准化程度，进行了非结构型访谈。访谈数据能够简单而叙述地收集多方面的工作分析资料。结合课堂观察获得的情况，本研究使用数学统计软件 SPSS 22.0 进行了统计。

四、结果与分析

（一）调查问卷结果及分析

1. 体育特长生问卷调查结果及分析

根据研究结果，笔者向学生发放问卷进行了调查。问卷共有 16 个问题。每个问题下面有 4 个选项。通过问卷调查，考查学生对英语学习的态度和兴趣。在进行问卷调查前，与学生进行了简单交流，确保他们能够理解调查的目的。调查持续 10 分钟。学生独立作答，不允许互相讨论。本问卷主要在宁夏师范大学附属中学进行。学生问卷共 100 份，回收率100%。

根据分析结果可知，影响高中体育特长生英语学习兴趣的因素主要包括：学习机制、教学形式、教学内容、练习方式。而在这些影响因素中，合作型学习机制和多样的教学形式起着关键作用。基于上述因素，教师在课堂上应该多设计合作学习环节，让学生全面广泛参与，通过灵活多样的形式吸引学生的注意力，并创新、丰富课堂内容，不断提高高中体育特长生的英语学习兴趣。

2. 教师问卷调查结果及分析

本次问卷调查由个人基本信息和教师问卷组成。调查者向 10 名宁夏师范大学附属中学的一线英语教师发放 10 份调查问卷。本问卷为匿名问卷，方便教师表达他们最真实的感受与想法。本问卷旨在发现教师们对体育特长生的态度、对激发体育特长生英语学习兴趣的信心，以及为了培养和保持体育特长生英语学习兴趣需要采取的方法。

（1）在您所教授的班级有没有学习英语困难的体育特长生？

（2）您认为影响体育特长生英语学习成绩的主要因素是什么？

从问题（1）和问题（2）可以总结出，80%的英语教师所教授班级里都存在英语学习困难的体育特长生。有 80%的教师认为导致学生英语成绩不理想的原因是学生对英语学习缺乏兴趣，有10%的教师认为是学生在英语科目上投入的时间少而导致的，只有10%的教师认为学生成绩不理想的原因与智力因素有关。这也说明大多数体育特长生对英语学习不感兴趣，即使强迫他们接受英语知识，让他们在英语这门课上投入大量的时间，他们也只是抱着应付的态度，学习效率很低。因此，英语教师需要培养并提高体育特长生的英语学习兴趣，帮助他们提高英语成绩。

（3）您认为体育特长生对英语学习不感兴趣与教师有关系吗？

（4）您认为培养体育特长生英语学习兴趣重要吗？

从问题（3）和问题（4）得出，很明显，超过一半的英语教师认为学生对英语学习不感兴趣与英语教师本身有关系。因此，在学生英语学习的兴趣上，教师扮演着重要的角色。所有的英语教师都认为，培养体育特长生的英语学习兴趣对学生的英语学习以及教师的英语教学很有帮助。激发体育特长生的英语学习兴趣是非常有必要的，英语教师们既然意识到了，就应该尽最大的努力去培养学生的英语学习兴趣，提高他们的英语成绩。

（5）您有没有积极尝试与体育特长生沟通？

（6）您有没有花大量的时间和精力去培养体育特长生的英语学习兴趣？

从问题（5）和问题（6）我们可以总结出，80%的英语教师从不跟体育特长生沟通交流。少数教师偶尔会与他们交流。并且，通过问卷得出，超过一半的英语教师在培养体育特长生的英语学习兴趣方面没有明确的目标，没有把它作为教学的重要内容。关注体育特长生英语学习兴趣的教师只占 20%。因此得出，体育特长生所受的关注有限，师生之间没有保持良好的沟通，甚至产生了隔阂。因此，保持和谐的师生关系也是非常重要的；英语教师不太在乎兴趣的培养，他们更看重成绩，他们想把更多的时间、精力用在成绩好的学生身上，普通班的体育特长生很难跟上教师上课的节奏，他们的兴趣容易被忽视。

（7）您认为在英语课堂上有没有必要去多鼓励和表扬体育特长生？

从问题（7）我们可以得出，大多数英语教师认为在英语课堂有必要鼓励和表扬体育特长生。每一名学生都希望被表扬，这对学生英语学习兴趣的培养很有帮助。事实上，教师在课程设置时很少会考虑体育特长生，教师们认为提高他们的成绩对提高全班成绩的影响很有限。教师设置的问题超过体育特长生的理解水平，因为这样的问题对班里的大多数学生有益。体育特长生在回答问题时缺乏信心，他们很不自信，从不主动回答问题，久而久之，就会失去学习英语的兴趣。

（8）您认为在教学中有没有必要把教材与体育特长生的学习需求结合起来？

从问题（8）我们可以总结出，70%的教师认为把体育特长生的学习需求与教材结合起来是没有必要的。体育特长生的英语基础非常薄弱，过于照顾他们的学习需求对班里的普通学生影响很大。因此，我们应该知道，体育特长生对英语不感兴趣，英语成绩差的原因还包括英语课堂内容与学生的基础水平不相符。为了激发体育特长生对英语学习的兴趣，教师们应该根据不同水平层次学生的需求去设计教学步骤与教学活动。

（9）您有没有给体育特长生机会去参加各种的英语课堂活动？

根据问题（9）可知，由于体育特长生的英语基础很薄弱，如果让他们回答问题或参与各种的课堂活动，耗费的时间相对会多一些，而在教学中，教师们为了赶教学进度，完成教学内容，有70%的英语教师从不给予体育特长生参加各种英语课堂活动的机会。有30%的英语教师偶尔会在课堂时间宽裕的情况下去设计课堂活动并给予体育特长生参加活动的机会。由此可知，体育特长生对英语学习失去兴趣与得不到教师的关注，不能参与课堂活动有很大的关系。

（10）您会选择什么样的方法去培养学生的英语学习兴趣？

根据问题（10）的答案我们可以知道，100%的教师选择通过建立和谐的师生关系、满足学生的需要和多鼓励表扬学生的方法来培养体育特长生的英语学习兴趣。除此以外，有80%的教师设计各种各样的活动，90%的教师通过给学生补充课外知识和使用图片、多媒体等技术去激发学生的英语学习兴趣。也就是说，所有的英语教师都认为这些方法在激发和培养体育特长生英语学习兴趣中是行之有效的。

从教师调查结果可以得出的结论是：

第一，几乎所有的英语教师都承认在自己所教授的班级存在着英语学习困难的体育特长生。在教师们看来，体育特长生英语学习成绩不理想的原因大多源于学生对英语学习不感兴趣，还有个别教师认为是学生在英语学习上花费的时间太少。大部分的教师都能意识到教师在培养学生英语学习兴趣中的重要性。

第二，为了让体育特长生对英语学习感兴趣，教师应该尽可能地与学生保持良好的关系。和谐融洽的师生关系是影响体育特长生英语学习兴趣的另一因素。

第三，英语教师应该尽他们最大的努力将课堂教学与学生的学习需求结合起来，当学生表现突出时要多鼓励表扬他们，让他们对学习英语有信心，进而激发他们学习英语的兴趣。

第四，为了培养与保持体育特长生的英语学习兴趣，要坚持因材施教。教师应根据不同英语水平层次的学生去设计各种不同难度的课堂活动，让更多的学生参与到课堂活动中来。

第五，从这次调查来看，仍然有许多英语教师认为体育特长生的英语基础差，让他们参与课堂活动可能会耽误课堂进度，他们很少或者几乎不提问体育特长生，所以，为了培养体育特长生的英语学习兴趣，教师们的态度和观念也需要改变。

第六，要培养体育特长生的英语学习兴趣，几乎所有的教师都会选择在教学中充分利用图片多媒体技术，同时教师们应该多思考不同的教学方法，尽可能地让自己的英语课堂更丰富、更活跃。

（二）访谈结果及分析

1.体育特长生访谈记录及分析

本调查是以面对面问答的形式展开的。调查对象分别为体育特长班的 2 名体育特长生和普通班级的 2 名体育特长生，其中高一学生2名，高二学生2名。问卷涉及问题及4名学生的回答如下：

问题1：你喜欢传统教学还是多媒体教学？

3名学生：喜欢多媒体教学。传统教学方式过于呆板，听着容易犯困。多媒体课形式多样，内容丰富，更有意思。

1名学生：无所谓。不论是传统课堂还是多媒体教学对我来说都是"催眠曲"，无论哪种教学方式，对我来说影响不大。

问题2：你喜欢严肃还是活跃的课堂氛围？为什么？

一致回答：活跃。因为严肃的课堂氛围让人觉得压抑，但是活跃的课堂氛围让人心情愉悦，更具有吸引力。

问题3：你喜欢英语吗?这与你的教师有关系吗？

1名同学：喜欢，有关系。英语教师讲课方法灵活，有吸引力，而且教师在课堂很关心我，每当我回答问题时教师会及时反馈，答对的话还会得到鼓励，所以我喜欢英语。

3名同学：不喜欢，有关系。我们英语成绩差，总是有种被教师忽视的感觉，教师讲课的方式太过于传统，提的问题太难，我理解不了，没有吸引力。

问题4：你喜欢课堂活动吗？喜欢哪些课堂活动？

一致回答：喜欢。比如小组讨论，情景对话，课堂游戏，等等。通过这些活动，我们可以更好地理解和掌握知识点。

经过采访体育特长生，本研究得出需要让学生感受到英语学习带来的乐趣，让他们对英语学习充满浓厚兴趣的结论。

第一，要科学合理使用多媒体技术。高中生身心发展变化很快，思维趋于成熟，这一年龄段的学生精力旺盛，思维活跃，适应能力较强。多媒体技术带来的视觉冲击、大量信息能够增强英语学习的趣味，充分激发学生的创造性思维，全面调动学生参与，可以培养学生学习英语的积极性，使学生爱上英语课堂，变被动学习为主动学习。与此同时，英语教师可以使用多媒体播放听力和与所教授内容有关的视频，让学生视听结合，吸引住学生的眼球，对学生的英语学习产生良性作用。

第二，要保持良好的师生关系。良好的师生关系可以促进师生更好地进行交流，为英语教育的开展奠定基础和提供支撑。

第三，教师需要在课堂设计丰富多彩的活动，尽可能让每一个学生都参与进来，充分发挥学生的主观能动性和课堂主体作用，活跃课堂气氛。在课堂活动中，教师要适时鼓励和支持，让学生感到自信，在轻松、快乐的氛围中学习。

2. 教师访谈记录及分析

本研究采访了两名一线英语教师，她们的教龄分别是十年以内和二十年左右。访谈记录如下：

问题1：您认为英语课堂活动的设计在培养体育特长生英语学习兴趣方面起着怎样的作用？

回答：活跃课堂氛围，提高学生课堂参与度，增强吸引力，便于学生掌握知识。

问题2：您认为学习英语的兴趣重要性体现在哪些方面？您平时注重培养学生的英语学习兴趣吗？

回答：学习英语的兴趣有利于增强学生的学习自觉性，有利于提高学习成绩，让学生获得学习成就感；但是我平时不太注重培养学生的英语学习兴趣。你也知道，咱们的学生基础薄弱，班里学生多，学校考核严格，教学压力很大，仅仅依靠培养学生兴趣的话，短时间内很难见效。加之班里的体育生英语底子薄，他们学习英语的积极性也不高。大多数时间我也睁一只眼闭一只眼，不会用太多的时间关注他们，因为他们与普通学生没有在一条起跑线上，他们的成绩提高得太慢，我不能专门给他们设计教学内容。

问题3：据您了解，体育特长生的家长们关注孩子英语学习吗？

回答：体育特长生家长偶尔也会电话联系，询问成绩。但是，重视程度不够，一方面大多数家长在农村，对英语懂得不多。另一方面他们潜意识里认为体育特长生的成绩不理想也属正常。不同于普通学生家长在孩子成绩不理想的时候会积极鼓励，适时督促，主动配合教师做好教育引导。

问题4：您怎么看待多媒体设备？您平时喜欢用多媒体设备吗？

回答：多媒体设备挺好，能包含大量的信息，能够吸引学生。但我不太喜欢使用。因为需要收集很多素材，花费大量的时间准备课件。另外，平时习惯了传统的教学方式，运用比较少。

通过对教师的访谈，得出以下结论：

一是课堂活动可以提高参与度。课堂活动可以为学生提供更好的学习和发展环境，并能有效地提升学生的英语学习兴趣。例如，通过英语语言衔接活动，可以扩大学生的参与面，增强学生的英语学习兴趣。此外，还可以通过唱英文歌曲、英语情景交际，朗读背诵等活动，全面培养学生的英语能力，提高他们的英语学习兴趣。因此，在每节课开始之前，教师需要在课前做充分的准备。根据教学需要和学生实际制作课件，尽量用图片代替汉字翻译所学的单词和句子，加深大家对所学知识的印象。使用多媒体播放一些视频和相关的英语趣味活动，活跃课堂气氛，提高他们学习英语的兴趣。

二是良好的师生关系可以增强课程吸引力。当教师关心体育特长生，经常与他们交流探讨与课程有关的问题时，他们就会产生学习兴趣，从而喜欢学习英语。因此，在教学过程中，教师要根据不同的学生设计教学内容，特别是要考虑体育特长生的感受，通过灵活运用多种教学方法，让学生跟着教师的思维走，全面参与教学过程。同时还要适时开展互动交流，鼓励体育特长生回答简单的问题，把他们的注意力集中在课堂上，让他们对英语学习真正感兴趣，有效提高英语教学效果。

三是家长的鼓励对孩子的学习有着重要影响。家长应该多鼓励体育特长生，学会用欣赏的眼光看待孩子的进步，要相信孩子的潜能。也可以引导学生观看一些积极的英语电影，让学生将课堂内容与现实生活密切联系起来。此外，还要营造良好的家庭环境。梅香阁指出："不良的家庭环境在一定程度上会对学生的学习兴趣产生影响，把大量时间和精力用在小说以及各种游戏等这些与学习无关的事上，必然会对学生的学习兴趣产生影响。"从教师的访谈结果也可以看出，教师能够意识到课堂活动在实践课中的重要性。然而，由于应试教育体制、学校以及社会评价的要求，大部分教师没有时间和精力实施课堂活动。因此，学校以及有关部门很有必要根据学校的实际情况制订不同的教学计划，从而使英语教师能够在更加轻松愉悦的环境中工作，让英语教师有更多的时间和精力开展课堂活动。同时也希望有关部门能为教师提供更多的实践性培训内容，从而更好地开发教师思维，拓宽教师视野，为学生提供更丰富、更新颖的教学资源。帮助学生养成良好的英语学习习惯并非容易事，更不可能一蹴而就，因此不能通过一两次的考试结果来衡量一个教师的教育成果。因此，以学生成绩来评估教师教学好坏是不公平的，应该给予英语教师更多的鼓励和帮助，为学生创造新的活动，为英语实践课营造更有效、更活跃、更具有吸引力的课堂氛围，切实提高学生的学习积极性，为学生长期稳定发展奠定基础。

（三）同课异构的课堂观察的结果与分析

1. 第一课堂观察的结果和分析

【课堂教学情景再现】

Time：Oct. 11th, 2019

Class：Seven

Teacher：Miss. Liu

Content：New Senior English for China Book 5 Unit 2 The United Kingdom——Writing

Step 1：Greetings(smile to everyone)

T：Good morning, everyone.

S：Good morning, teacher.

T：In this unit, we have learned a passage of sightseeing in London. After learning this passage, we know there are many places of interest in London.

T：How about the capital of China? Are there any places of interest?

S：Yes, of course.

T：Look at some pictures (show some pictures about places of interest in Beijing)

T：Do you want to introduce them to others? In this class you will be a guide, an English-speaking guide, and you can introduce our capital city Beijing to others.

Step 2：Introduction

T：This lesson is a writing lesson. Let's skim the learning aims and read it together.(read the aims on the PPT)

Step 3：Brainstorming

T：When introduce some places to others, you will use some adjectives to describe them. Which adjectives would you use?

S：Charming, attractive, fascinating, wonderful...

Step 4：Planning and organizing a writing

T：When we introduce a place to other tourists, what main factors should be included? And which sentence patterns should we use?

S：Population, location, climate&weather, places of interest...(students pick out some sentence patterns from "the students'guiding papers")

T：Before we start our writing, let's learn a writing model.(Use a writing model to show them three parts of the writing：Para. 1 Welcome and Greetings, Para. 2 Introduction, Para. 3 Thanks & Wishes)

...

Step 5：Writing

T：Now you are going to complete the writing by using the words, expressions and sentence patterns above.(Teacher monitors to give suggestions if needed.)

...

Step 6：Sharing

T：OK, time's up. Who wants to share your writing with us?(Each group choose one or two writings to show and correct the paper together with the class.)

Step 7：Summary and homework

T：This class, we learned how to introduce a place to the tourists. Today's homework：

①Finish the tasks on the guiding papers. ②Write a paper to introduce your hometown to others.

课堂分析：

通过第一课堂观察总结出以下结论：

第一，刘老师选择课前跟学生互相问候，目的是为学生创设轻松的学习环境，同时拉近教师与学生之间的距离，建立和谐的师生关系。第二，教师通过多媒体展示北京的一些旅游景点图片，激发学生的学习兴趣，尤其是体育特长生的英语学习兴趣，活跃课堂氛围。第三，教师设置的课堂活动很有层次，对于用哪些形容词来描述旅游景点的问题，几乎所有的学生都能回答出来，尤其是基础薄弱一些的学生。通过这个问题，可以激发体育特长生的英语学习信心。第四，通过与学生分享个别同学的作文，让全班同学一起修改，既增加了学生的参与度，又活跃了课堂氛围。同时，每一位同学都可以从别人的错误中汲取经验，修改自己作文中的错误。

第一课堂观察的结果表明课堂活动的设计是影响学生学习兴趣的重要因素。

只有明确目标，找准方法，科学合理开展活动才能吸引学生，促进学生英语学习效率的提高。实践证明，课堂活动可以为学生提供真实的学习环境，学生可以参与使用英语的活动，有更多的机会去表现自己，享受英语学习的乐趣。这不仅有助于提高学生学习英语的兴趣，还能让他们把英语知识转化为技能，克服哑巴英语，有助于高中生能力的发展。因此，教师应该尽可能地把课堂还给学生，让他们成为课堂的主体。教师应该根据学生自身的特点、基本的英语水平和教学目标来设计有效的授课活动，激发学生的英语学习热情，让他们愉快地学习英语。其次，通过第一课堂的观察可以总结出多媒体的运用会激发学生的学习兴趣。

第一，运用多媒体向学生呈现了几幅北京典型旅游景点和标志性建筑的图片。这一步骤可以激起学生对本节课的兴趣，也能让学生对一些景点的英文名称有所熟悉，同时也能顺利地引入本节课的中心写作任务。第二，运用多媒体展示教学目标。让学生一起对着 PPT 朗读教学目标要比教师口头陈述更直观、效果更好。第三，用多媒体展示作文范例，让同学们通过范文的阅读来理解这类作文的写作步骤，让学生明白他们即将要写的作文可以分为几个段落来写，应该包括哪些信息。第四，使用多媒体技术投影学生作文，可以让所有学生直观明了地看到同学的作文，为学生修改作文增长知识。因此，多媒体作为培养学习兴趣的积极因素，有助于推动教学。一方面，现代多媒体技术有视觉多样性、信息传递量大、节省时间、操作简单等优点，并能有效与教师合作。教师可以使用幻灯片、视频等教学工具，为课堂教学提供生动的信息。另一方面，通过利用多媒体备课，英语教师不断接触大量的新鲜教育资源和新的教育观念。这不仅提高了教育质量，不断更新教师们的教学观念，并且能使教师更好地汲取新的教学方法和经验，促进他们成为出色的现代英语教师。同时，多媒体教育抵消了课堂时间的消耗，可以强化知识传授的连续性。它能满足学生对知识的多元化、广泛的需求，给予学生最直观的知识，对知识给予深刻、牢固的记忆，加快学生对知识的理解和消化。多媒体不仅可以丰富教师的视野，提高教学质量，而且可以开拓学生的创新思维，很大程度上调动学生的主体性，使学生积极参与其中。

2. 第二课堂观察的结果与分析

【课堂教学情景再现】

Time：Oct. 13th, 2019

Class：Two

Teacher：Mr. He

Content：New Senior English for China Book 5 Unit 2 The United Kingdom—Writing

Step 1：Greetings(smile to everyone)

T：Good morning, everyone.

S：Good morning, teacher.

T：Last week, we had a happy National Day. What did you do in your holiday? Have you travelled somewhere?

S：Yes.

T：Where did you go?

S：Shanghai, Beijing, Hainan...

T：Who'd like to talk about your own travel experience?

Step 2：Presentation

(One of the students raised his hand and wanted to share his travel experience with others. After sharing, every student in the class applauded warmly)

Step 3：Brainstorming

T：Wonderful experience. Well, Did you notice that the student used some adjectives to describe the location when he was sharing his trip. What are they?

S：Yes, beautiful, fantastic, charming...

T：Good, actually, there are some other adjectives we can use to discribe a place. Can you list some of them on a piece of paper?

(Students try their best to list some adjectives on a piece of paper.)

T：Now in groups of four. Put together your group's adjectives and select a representative to write on the blackboard.

Step 4：Pre-writing

T：Please make sentences with the adjectives on the blackboard and the two structures "It locates/stands/lies..." "It seems/looks..." to describe one place in our school.

S：It lies in the northeast of China. It looks very charming...

T：Read the article "Why not visit our local castle" on Page 16 to get the first pattern of writing—describe its main features.

（Students read it and get the main structure of this type of writing.）

T：A foreign friend is going to visit Beijing in China. He wants to know some information about Beijing in advance. Would you like to write an article to introduce it to him?

S：Yes.

Step 5：While-writing

T：Good. Now give you 20 minutes to write a short letter to the foreign friend to introduce Beijing.

(Students write the paper by themselves.)

Step 6：Post-writing

T：Time's up. Now please exchange the paper in groups and correct the writing with your partners.

T：Each group choose a piece of good writing to share with us and we can supplement and revise the composition together. The winner of this writing will get a big surprise.

Step 7：Summary and homework

T：This class, we learned how to introduce a place to the tourists. Today's homework：① Finish the tasks on the guiding papers.② Write a paper to introduce your hometown to others.

　　第二课堂观察的结果表明，影响英语学习兴趣的要素还包括教学氛围。第一，在这节课中，何老师问国庆节期间同学们有没有出去玩？去哪些地方玩了？这种看似聊天的方式有效拉近了师生之间的距离，同时为引入本节课的话题做好了铺垫。第二，让个别同学分享自己的旅游经历，既锻炼了学生又活跃了课堂气氛。第三，教师并没有直接提问描写景点的形容词，而是让同学们从演讲词中发现一些形容词，然后再补充。第四，何老师让学生四人一组合作学习，这样大大增加了学生活动的参与度，让每一名学生都感觉自己属于这堂课的一分子。第五，在修改作文时，教师设置了一项小组竞赛活动，这样可以充分地调动学生的课堂积极性，也让学生在为同学修改作文时享受学习的乐趣。英语教学氛围需要师生共同努力，通过不断互动来营造。因此，无论教师还是学生，他们的个体因素，以及师生合作都会影响英语教学氛围。如果学生学习很认真，积极性也很高，即使情绪不怎么高，教师也会受到激励，他们讲课时就会更投入。同样，假如教师授课生动有趣，学生的英语学习兴趣也会被调动起来。在课堂教学中，教师按照学生不同的水平层次设置课堂活动，创设一种新颖的学习情景，让学生对学习产生好奇，对知识产生渴求，这样可以调动学生学习英语的兴趣，由此使得教学效果事半功倍。

以上研究表明，通过设置课堂活动会活跃课堂气氛，效果优于传统课堂，因此学生英语成绩相对好一些，好的成绩继续促进学生学习英语的积极性，进而良性循环。所以，教师要注意在英语实践课中活跃教学气氛。每个学生学习英语的兴趣和能力是不同的。学生之间应该互相帮助，并且在教师的协调组织下，让更多的学生提高他们对英语课堂学习的兴趣。在学期初，每位英语教师可以根据学生的学业成绩、性格和性别，将学生分成三到四个学习小组。小组成员应该在各种因素上相互补充，这样学生才能互相帮助，从而提高学习英语的兴趣。在课堂学习中，教师给每个小组分配不同的任务，这些任务由小组成员共同完成。当有些学生不能完成自己的任务时，其他学生应该及时伸出援助之手，以便这个组的学生在被照顾的同时能够快乐地学习英语，从而培养和提高他们的英语学习兴趣。

培养学生英语学习的兴趣还有助于学生更牢固地掌握知识，这样同时也能培养他们独立思考和自主学习的能力。例如，在检查学生对课文的理解时，传统的教学方法通常要求学生背诵全文，这会严重增加学生的学习负担和压力，不利于学生英语学习兴趣的培养。在理解课文的基础上，要求学生在不改变课文中心思想的前提下，用自己的语言词汇对课文进行改编和复述。这样不仅能使学生对课文有更深的理解，而且能提高学生的创新能力和写作能力。此外，教师还可以通过课堂上的各种活动来丰富英语教学的内容，开展小组讨论、代表性演讲、角色扮演等活动，以满足学生的学习需求，提高学生学习英语的积极性。随着信息技术的不断发展，多媒体在教学中的灵活运用，可以使枯燥的课堂变得生动有趣，从而提高学生的学习兴趣。

五、结论

（一）主要发现

1. 影响宁夏师范大学附属中学体育特长生英语学习兴趣的因素

通过研究发现，影响宁夏师范大学附属中学高中体育特长生英语学习兴趣的因素主要有教师、学校、家庭、学生自身因素 4 个方面。

第一，教师因素。教师的教学理念、教学方法、教学水平、课堂活动的设计、对学生的重视程度、师生关系的构建等都对学生英语学习产生影响。先进的教学理念、良好的教学方法、科学的课堂活动会增强课堂的吸引力，凝聚学生的注意力。良好的师生关系会让学生觉得轻松自在，适当的激励会让体育特长生觉得自己得到了关注，他们会喜欢老师，喜欢课程，进而激发英语学习兴趣，充分发挥他们的潜能，提高学习的效率和考试成绩，他们会通过一次次的进步获得成就感和满足感。

第二，学校因素。学校对教师的考核评价方式、校园管理、师资培训等都会对教师的教学理念、方法、能力产生影响，进而影响体育特长生英语学习兴趣的培养。大多数学校把教学成绩放在第一位，把考试成绩作为评优选先的重要指标，致使教师没有太多的精力关注成绩相对较差的体育特长生。校园管理规范，就可以营造良好的学习氛围，让学生自觉认真学习。师资培训是提高教师教学能力、开拓教师视野的有力举措，教师多参加培训，教学理念才能适应社会的发展变化与需要，才能更好地适应学生，服务社会。

第三，家庭因素。家庭因素具体可以分为家长对体育特长生的态度、家庭环境、家长与教师的配合等。只有家长正确认识体育特长生的学习情况，才能引起家长对体育特长生文化课学习的重视，他们才会督促孩子认真学习英语。只有家长更加关注学生的成绩，才会与教师经常沟通交流，积极配合教师做好教育引导工作。另外，良好的家庭环境（和睦的家庭、安静的环境）也能让学生心无旁鹜，一门心思地学习。

第四，体育特长生自身因素。体育特长生具有自卑心理，由于英语成绩长时间偏低，对学习英语缺乏信心。加之没有明确的学习目标，学习动机欠缺，学习英语的积极性、主动性不够，甚至自我放弃，因此对英语学习不感兴趣。

2. 培养宁夏师范大学附属中学高中体育特长生英语学习兴趣的有效途径

关于培养体育特长生英语学习兴趣，有些学者也提出了自己的看法。如：王晶认为，"在教师教学过程中，为了提高学习英语的积极性和兴趣，需要注意和创造一种良好的课堂氛围，培养一种良好的教学观念，不能仅仅把教学作为一种任务来完成，能在自己的岗位上创新地思考。教师要注重提高自己的教学水平，和学生创造一种融洽的师生关系，种种这些措施都会拉近自己和学生之间的距离，创造一种亲近感。"这种观点很好，但不够具体。

笔者认为，培养高中体育特长生英语学习兴趣的有效途径如下。

第一，要尽可能多地关注学生的身心健康。体育特长生文化课成绩不理想，对学习丧失信心，特别是英语，由于积累的词汇少，语法基础薄弱，面对英语学习有时无从下手。此时，英语教师应尽可能地结合学生的特点，降低英语学习的难度，制订符合他们年龄、心理、学习能力的教学计划，帮助他们明确学习目标。当他们表现出失望或倦怠时，教师应及时引导，帮助他们摆脱挫折感的束缚，通过寻找积极因素，结合学生的实际情况，为他们创造更多的英语学习成功的机会，让他们一点点的进步，在进步中享受学习的乐趣，增强学习的信心。要提高学生的自我调节能力，让学生正确认识自己，接受自己，形成科学的学习观，减少倦怠情绪。同时，还要坚持高标准、严要求，提高学生的学习要求，引导学生进入角色，不断增强学生的学习动机。

第二，要促进师生关系的和谐。教师应该解放思想，大胆创新，主动学习新课改知识，不断提升自己的教学能力、专业素质和道德修养，让自己成为有魅力的教师。在英语课堂上应该采取激励策略，培养学生的兴趣。在高中期间至少 4 个月，可以每月上两节课来培养学生的学习兴趣。比如，欣赏美国电影，听英语新闻节目，组织英语竞赛，看 TED（技术、娱乐和设计）视频。此外，课件的设计应该是交互式的，这样学生就可以随时参与其中。课件应适当增加一些动画和其他多媒体元素，以吸引学生的注意力。要坚持以学生为中心，从学生的实际情况出发，及时更新教学内容、优化教学方法，要做到教学内容社会化，教学模式多样化，真正增强英语教学的实用性。要关注体育特长生，适时提问、经常沟通，让他们感受到老师的关心，充分发挥他们的主观能动性。

第三，要优化学校管理方式。学校要合理设置考核评价方式，不能唯成绩论水平，要综合考虑体育特长生学习兴趣的培养、学生的综合发展等多种因素，根据新课标要求适时调整评优选先办法，调动教师培养学生学习兴趣的积极性。学校应该加强学风建设，生源基础薄弱、特长生较多的学校更应该如此，用良好的办学风格引领学习风格的转变，实现两者之间相互促进，共同提高。广大教师要以身作则，率先垂范，树立榜样，创新教学方法，优化教学内容，激发学生的学习兴趣，从而形成良好的课堂学习风格，营造良好的学校氛围。学校要为教师创造外出培训的条件，提供理论学习的机会。坚持走出去与请进来相结合，让教师到名校参观交流，让名师到学校讲座，让教师接触到更多新的教学理念和教学方法，不断提高教师的教学技能和驾驭课堂的水平。

第四，要帮助体育生家长树立正确的观念。社会及家庭通常对体育特长生存有偏见，认为其文化课成绩不理想，英语学习表现相较于普通学生更弱。因此，家长需要改变这些偏见，家长应该多正面鼓励他们，帮助他们树立起英语学习的信心，同时要配合教师引导学生合理学习。另外，还要营造良好的家庭环境，孩子学习时不看电视，为学生提供安静舒心的环境。监督学生使用手机，绝不允许学生打游戏或者看与学习无关的视频。

（二）本研究对英语教学的启示

本研究对英语教学启示意义重大。

首先，我们要认识到英语的情境兴趣与英语的学习成绩有关。因此，教师应从学生出发，结合教学内容，有针对性的构建英语学习意境，不断激发学生的学习兴趣。作为语言学科，英语学习有特殊性。教师更要注意英语课堂上的引入方法。要充分准备，合理整合教学资源，通过音乐、视频、游戏等引入，营造轻松愉悦的学习氛围，提振学生的精神，减轻学生的负担，激发学生的热情。具体方法总结如下：

第一，建立和谐的师生关系。

我们不仅是老师，还应该是学生的朋友。假如学生喜欢老师，他们将在课堂上保持兴奋，集中注意力并乐于学习。因此，为了培养学生的英语学习兴趣，我们需要与学生经常交流沟通，建立良好的师生关系。

第二，帮助学生树立信心。

身处校园的学生，内心都渴望成功。一旦取得进步，他们就想取得更大的进步。在他们进步的过程中，老师的鼓励和表扬显得非常重要。批评往往会使学生失去学习的信心，并且产生抵触心理。因此，我们应该采取多种方式，帮助他们树立起学习英语的信心。

第三，科学高效利用课堂。

（1）创造愉快的课堂氛围。愉快、积极、活跃的课堂氛围更容易让学生对所学内容产生兴趣，帮助他们愉快地接受知识。同时，也会让学生喜欢英语这门课程，千方百计地学好英语。相反，枯燥乏味的英语课堂只会让学生讨厌英语课，从而去干自己喜欢的事，如玩手机、睡觉、交头接耳，等等。

（2）采用情境法教学。教师可以设置课堂活动和小任务，巧妙地帮助学生走入英语情境中，并使他们保持对英语的学习兴趣。在英语课堂上，实物或图片教学是非常有效的方法。从第一课堂观察来看，当教师播放一些北京的旅游景点和名胜古迹的图片时，学生会踊跃地说出一些有关它们的信息，记住它们的英文名称，气氛非常活跃。教师也可以让学生通过英语交流，调动学生学习英语的兴趣。如：同桌之间，小组成员之间或教师学生间对话、角色扮演、自由讨论分享等方式。

（3）英语教学中运用多媒体技术。在英语教学中，我们可以使用多媒体播放幻灯片、音乐、视频等为课堂教学提供生动有趣的信息。多媒体既能激发学生的兴趣也可以节省课堂时间。它既能满足学生对知识多元化、广泛化的需求，开拓学生的创新思维，还能很大程度上调动学生的主导性，使学生积极参与。同时，还可以丰富教师的视野，提高教学质量。

（4）布置形式多样的家庭作业。在学习过程中，布置家庭作业相当重要。然而，在传统的教学中家庭作业的形式太过刻板，无非是抄单词，抄课文，做几道习题，写一篇作文等作业形式。形式多样的家庭作业可以让学生比较轻松地学到知识。例如：让学生收集词汇、给所学单词分类、上网查询与所学内容有关的信息等。这都能激发学生学习英语的兴趣，让他们更喜欢学习英语。

（5）根据不同层级学生的需要设计各种各样的活动，如果教师能在课堂上设计各种各样的活动，让尽可能多的学生参与其中，不仅可以让学生对这节课产生新鲜感，而且可以活跃课堂氛围，提高教学质量。例如：播放与所教授内容有关的英文歌曲能激起学生的好奇心，学生也能从歌词中学到新的单词。

（6）让学生在竞争中学习英语。从第二课堂观察可以得出，教师在课上让小组间通过竞争修改作文，选出最佳作文的方式激起了学生的英语学习兴趣。学生总是表现得积极且精力充沛，他们喜欢互相争输赢。所以教师应该充分利用竞争方式，去激发、培养学生的英语学习兴趣。如：许多学生不喜欢背英语单词，教师可以采用小组竞赛、同桌互比的方式刺激他们，调动他们背单词的积极性。

第四，多措并举培养学生的英语学习兴趣。

从学生的调查问卷、访谈来看，学生提出了多种培养他们自己英语学习兴趣的方法。如：

（1）定期举办英语口语演讲比赛，写作比赛等。

（2）举办一些有关英语的节目，如话剧表演等。

（3）让学生办不同题材的海报，如有关奥林匹克运动会、节日海报等。

（4）给学生推荐英语电影或英文歌曲，让学生去看去听。

（5）课堂上使用一些幽默的玩笑等去活跃课堂气氛。

总之，作为课堂上的指挥者，教师要充分发挥主观能动性，设置形式多样的活动、科学有效的竞赛等学生渴望参与的方式，激发学生的英语学习兴趣。课后可以要求学生反思，强化知识学习，也可以适当地让学生观看英文电影、听音乐等，逐步培养学生的英语学习兴趣，使英语学习兴趣转化为个人爱好，促进其英语学习成绩的提高。

（三）研究局限与展望

1. 研究局限

由于本人理论知识相对欠缺，教学经验不够充足，本研究尚存在一些局限：①实验对象数量较少。笔者仅选取了宁夏师范大学附属中学的10名一线英语教师和100名体育特长生作为研究对象。因此，由于数量关系，结果可能不够完整。②论文内容有待深化。由于笔者本人的能力、时间和精力有限，自己设计的实践课活动不够完善，略显粗糙。数据分析的质量还有待提高。在本次实证调查中，笔者采用了问卷调查法、访谈法、课堂观察法，在对调查结果的分析中，笔者的主观观点是不可避免的。另外，由于笔者能力有限，针对本文涉及的问题提出的建议还不够成熟。

2. 研究展望

笔者将继续对固原市的其他高中进行调查，以丰富调查数据，优化调查结果，使论文更加真实可信。另外，本文设计的课堂活动和问卷是否可以进一步适用于其他学校还有待进一步研究。

参考文献

[1] 常承玉.激发学生学习动机培养学生兴趣 [J].沙棘（教育纵横），2010（12）.

[2] 陈琦，刘儒德.当代教育心理学 [M].北京：高等教育出版社，2010：206.

[3] 李红梅.中学生英语学习兴趣的培养与生成 [J].中学英语之友，2011.

[4] 刘英杰.新课改下培养中学生英语学习兴趣的策略初探 [J].教改研究，2009.

[5] 罗蓓蓓.高校体育特长生的英语学习现状及对策研究 [J].知识经济，2019（14）.

[6] 梅香阁.浅谈中学生英语学习两极分化的原因及其转化策略研究 [J].科教产业，2010：155–157.

[7] 王晶.培养中学生英语学习兴趣的几点具体做法 [J].中学生英语，2009（10）：45–47.

[8] 王宁武，康鹄伟，严新焕.调动学生学习兴趣　提高英语学习效率 [J].陕西师范大学学报，2003（10）.

[9] 王丽萍，姜磊.情感过滤假说在高中英语教学中的应用 [J].理论观察，2019（8）：171–173.

[10] 夏华娇.根据关键期假说理论及学生认知特点激发和培养英语学习兴趣 [J].现代教育科学，2005（6）.

[11] 薛海娌.英语歌曲熏陶与中学生英语学习兴趣 [J].基础英语教育，2008，10（5）：31–33.

[12] 杨淼磊.如何培养中学生英语学习兴趣 [J].新课程改革与实

践，2009，5（8）：66.

［13］张春艳.后进生英语学习兴趣的研究［D］.南京：南京师范大学，2006.

［14］章凯.兴趣对不同理解水平的作用［J］.心理学科，2000（4）：99–100.

［15］张静.浅谈如何激发高中学生学习英语的动机［J］.文数研究，2011：149.

［16］张晓红.如何培育学生的英语学习兴趣［J］.教育与管理，2003（33）：82.

［17］张娅.对高三体育特长生英语教学的思考［J］.南方论刊，2011（S1）：104–105.

新课改下培养英语教学学生学习兴趣

　　针对目前高中英语教学的现状：新课程改革给一线教师带来了机遇，巨大的压力和挑战。人教版教材容量大，生词多，然而教师的教学课时是一定的，教师的教学任务繁重，时间紧迫，在这种情况下，如何激发学生的学习兴趣就尤为重要。古人云："知之者不如好之者，好之者不如乐之者。"则说明了兴趣是最好的老师。有了兴趣，便有了对这门学科的热情。如何在高中英语教学中，培养和发展学生的学习兴趣呢？笔者从以下三个方面谈谈自己的认识。

一、激发学生的学习兴趣

　　创造和谐的课堂气氛，以激发学生的学习兴趣。

　　罗杰斯说："成功的教育依赖于一种真诚的理解和信任的师生关系，依赖于一种和谐安全的课堂气氛。"教学艺术的魅力在于情感，积极的感情交流能促进教学气氛和谐，更能充分调动学生的主动性、积极性，激发学生的学习兴趣。

　　比如在学习英语词汇的时候，教师不再单纯的让学生跟读单词，一个接一个，熟读是需要的，但读单词并不能让学生把单词深入记忆。此时就可以用让学生都比较感兴趣的方式来进行教学，音乐就是一种很好的方式。教师可以提前找好一首英文歌曲，英语歌曲中的歌词应包含大多数所学新单词。把歌词中的新单词挖空，制作成Word文档或者PPT。

在学完新单词后，给学生一些记忆的时间，然后要求学生合上书本，放出英文歌，同时放出PPT，让学生听歌识词，填出空白处的单词。这不仅能够让学生更好地掌握新单词，还有利于提高学生的听力能力，一举两得。

二、调动学生的学习兴趣

创设灵活多变的教学情境，以调动学生的学习兴趣。

交际教学法是通过一定的方式，将种种的英语学习内容转化为丰富多彩的交际活动。交际教学法要求在课堂上创设生动活泼，直观想象的交际情景，从而调动学生的学习兴趣，在具体而富有感染力的情境中进行语言交际。所以在课堂教学中，注意创设情景和语境，营造"新鲜的"教学氛围，不断给学生以新的刺激，充分调动起他们学习英语的兴趣，吸引学生很快进入学习状态。具体做法如下：

1. 利用游戏，调动学生兴趣

一堂英语课四十五分钟，通常教授新课四十分钟就足够了，那么剩下的五分钟怎么办呢？在经过紧张的学习后，适当的放松是需要的。此时，充分利用这剩余的五分钟时间就很有必要了，最好的方式是在最后的五分钟既能放松，又能巩固一堂课所学的知识。做游戏是一个很好的方式，能够充分调动学生的积极性，活跃课堂气氛。游戏的方式有多样，比如单词接龙，击鼓传花，等等。击鼓传花是一个操作性很强又很简单的游戏，适合许多人一起参加。道具也无强制性，随便的一支笔，一瓶水都是可以的。老师放出音乐，学生按照顺序一个接一个传送手中的东西给下一个同学，当音乐停止的时候，指定的游戏物件在谁手中，谁就要接受"惩罚"。"惩罚"的内容此时就可以和英语内容相关，比如唱一首英文歌曲，或者讲一个英语笑话，又或是背一背刚学的单词或者课文。英语学习是一个融会贯通的过程，学生的学习兴趣提高了，课堂气氛活跃了，效率也就更高了。

2. 利用多媒体手段，创设情境，进行英语交际

语言的交际必须在一定的语言环境中进行。高中英语教材有的内容比较枯燥，上课学生很容易走神，采用多媒体手段创设真实的交际情境，能培养学生运用目标语言的兴趣。在课堂教学中，使用录音机，幻灯片，录像，多媒体等，不仅能引起学生的兴趣和注意，还为他们提供了语言情境，使他们通过视听就能达到理解内容的目的，最终让学生口头表达所看、所听的内容，力求学以致用，达到语言输出的目的，这样也就激发了学生学习英语的主动性和积极性，激活了学好英语的信心，增强了学习效果。例如，学习阅读课文"Anne's Best Friend"时，课文里面就是一些简单的环境和安妮心里孤单的语言描述，没有生动逼真的画面，所以学生读起来感觉乏味，只有通过栩栩如生的视听片段，学生才对友情更理解，对战争更憎恶，对生活更热爱，对和平更向往。

三、增强学生的学习兴趣

《普通高中英语课程标准（2017年版2020年修订）》对合作学习有明确的要求，"高中英语课程的总目标是使学生在义务教育阶段英语学习的基础上，进一步明确学习目的，发展自主学习和合作学习的能力；形成有效的学习策略，培养学生的综合语言运用能力。"小组合作学习是一种教学策略，能促进学生互相帮助，体验集体荣誉感和成就感，发扬合作精神，使得学生真正成为学习的主人。小组合作既能充分调动学生学习英语的兴趣，激活其学习英语的信心，又能提高学习效率。

现有高中教材每个单元围绕一个主题或者话题展开听、说、读、写、看等实践，这就要求学生分工合作，通过对话、讨论、调查、汇报等活动完成一个特定任务，然后达到合作目标。

1. 运用小组合作学习，优化阅读教学

在阅读课上，学生分组可以采用"三步阅读法"。第一步：组内大声朗读，互相纠错，理解文章大意。第二步：组内讨论回答，结合文章提出问题。第三步：将要讲解的知识点呈现在黑板上，组内成员先互相补充；其他组接着质疑补充；最后教师补充并总结。

2. 运用小组合作学习，提高写作教学活动的有效性

这种方法主要用于写作课，首先限定时间让学生完成写作任务，然后就近分组，组内修改，人人参与，互评互改，在同伴交叉修改或者集体互评中，学生基本能发现对方文章中的主要毛病，并提出一些富有建设性的建议，同时也能发现自己的不足，学习其他同学的好词好句和写作特点。

总之，在高中英语教学课堂上，要真正让学生"活"起来，让课堂"动"起来，教师必须转变观念，以学生为主体，教师为主导，创设愉悦的环境，做到寓教于乐，以兴趣为前提、激活学生的自信为目标，最终打造高效课堂。

教学探究

"六个一"二轮备考闭环课型和"学讲练纠"闭环课型两种课型

　　我是一名英语教师，自2004年大学毕业以来，一直从事家乡的基础教育工作，我的家乡是宁夏固原市，这里地处偏远，经济文化发展相对落后，因此教育也发展地缓慢。我所在学校的教育水平在固原市属于"三流"学校，教育更是薄弱。这里的学生大多数来自山村，不管是信息技术的缺乏还是性格胆怯、保守，学生长期不敢张口说英语，缺乏英语语感的培养和英语听力的训练，英语对于这些孩子来说，就像"蜀道"一样，难于上青天。无论是在中考还是在高考中，英语的得分率还不到50%，所以在我们这样一个偏僻而又英语薄弱的学校，如何提高英语课堂效率，培养学生的听、说、读、写能力，提升学生的英语学科核心素养是我们学校和英语组教师迷茫、彷徨、苦苦思索的教学教研课题。从新课改到新高考，历经十多年，教育教学理念的变革，传统的讲授已经不适合当下的教育需求，所以改变课堂模型迫在眉睫。我校校长任皓曾提出："没有课型支撑的课堂，一切皆是浮云"，一个优秀的教师，一定有支撑课堂的成功课型。因此，我们学校就在学校领导的指引下，在初三、高三年级开展了"六个一"闭环课堂模式和非毕业年级开展了"学讲练纠"闭环模式课型。

"六个一"闭环课堂模式是我校高三、初三二轮备考闭环课型，即一测一展、一讲一纠、一考一阅，一测一展——在限时测中发现问题，暴露问题；一讲一纠——基于测展环节的问题，尊重学生成长及知识生成的规律，有的放矢地进行点拨、讲解及强化训练；一考一阅——短平快地检测教师教和学生学的效果，是课堂质量的有效检测，也是学生对知识接受、理解及运用的科学闭环。"六个一"课型是大舍大得的优质课堂模式，借力于用心培养的小老师，让课堂突出重点、解决难点、展现亮点。"六个一"课型冲击、颠覆原来传统备考课型的背后是备考理念的转变，赛课是对前期课型打磨、落地的督促和检验。"六个一"课型就是建构主义理论下，以"突出重点、解决难点、展现亮点"12个字为绳，以情景线、知识线、能力线、得分线为纲，紧扣"一测一展、一讲一纠、一考一阅"环节，凭借小教师的得力抓手，让备考课堂节节有实效、堂堂能提分。提升学生能力，大舍大得的课型，"六个一"就是让二轮备考课堂有规矩而成方圆。"六个一"课型实施中好题如何选、小老师怎么培养和课堂谁来讲、怎么讲是我校教师应进一步学习思考和实践解决的问题。"六个一"二轮复习闭环备考课型是我校教师在恰当的时候所走的正确的路。这种课型体现了毕业年级教师对备考认识和观念的转变，从选题、"六个一"环节以及课堂小老师讲解，都折射出减负增效的课型特征，解放了学生和教师，提升了课堂质量。"六个一"课堂已经初步凸显了它的实用性和高效性，也是平时课型的常态化。但存在的不足有小老师培养有待加强、选题还需精益求精以及课堂谁来讲还要继续锤炼。教师的初心是上好每一节课，使命是每节课学生能力有所提升。"六个一"课堂所引起的变化进行价值判断，是提升教师教研水平、促进教师专业发展的重要途径，使教师的教学认识更上一层楼。

在"学讲练纠"闭环课堂模式中，学环节要注重导，教师要设计基于学情和教材、新课标的学案，教师可以寻求形式多元的学习方式，要做实学环节；讲环节要善于用小老师来唤醒一组乃至于整班学生，教师的讲更要鞭辟入里，讲出一节课的深度；练环节教师要善于秒变题目，做到举一反三；纠环节要有目的和有针对性，纠易错和共性问题，形成通性通法，完善解题模板。"学讲练纠"课型模式的撒手锏是题目秒变，讲纠环节简单内容善于放手，重难点教师要当仁不让，教师必须认真学习并熟练驾驭优质的课堂模式，同时还要不失本我，这样的课型才是活的，才能不断完善、发扬光大。

"六个一"课型：导——教师要有引导学生学习探究的学案，让一堂课有指南有方向；学——寻求学习方式、方法的多元性，让学生的学有过程、有实效；讲——积极发动学生，培养得力小老师，用培养一批小老师来唤醒整班学生，要体现教师为人梯的高度，通过恰当的点拨、示范和讲解，挖出一节课的深度，从而达到学生能力切实提升的目的；练——要做到秒变题目，举一反三；纠——纠易错点、纠共性问题，通过纠形成解题模板，规范书写；测——测学习效果，及时反馈，再纠再提升的掌握和备考思想的转变使我受益终身，更让所教学生的成绩有了质的飞跃。

任何事物都是具有两面性，教师在"六个一"课型实践中仍普遍存在以下问题：①时间分配不合理。大多数课堂存在前松后紧，前面洋洋洒洒后面草草收场，导致匆匆闭环甚至没有闭环，究其原因是讲解太多，要么教师大讲特讲，要么教师重复讲解学生所知，要么学生测展不同步；②环节剖析不到位，暴露问题不清晰。一测一展环节只有暴露问题，一讲一纠环节教师才能究其因探其果，教师的讲要基于暴露问题，要紧扣情景（信息）线、知识线、能力线和得分线，要会剖析、推理和建模，同时要教给学生审题、解题的方法，即授之以渔；③教师上课面面俱到，不突出重点。教师在选题和讲解过程中一定要把握重难点，不要大水漫灌，要精准滴灌，要注重回归课本；④在"六个一"课型实施中，教师留给学生内化知识的时间太少。教师在处理环节时流于形式，不注重学生对知识消化和能力提升所需的时间，教师在每个环节结束前一定要给学生充裕的时间进行反思和总结，这才是能力提升的关键。

从新课改到新高考，是传统的教学理念在时代冲击下寻求发展的历程。"六个一"和"学讲练纠"课型模式基于建构主义理论，运用"信息线、知识线、能力线、得分线"解放教师，是提升学生能力的减负增效的课堂。"六个一"和"学讲练纠"就是让我们的课堂有规矩，所谓有规矩而成方圆。我们英语组教师要把握好"六个一"、"学讲练纠"闭环模式课型，要不忘初心，方得始终，牢记使命，方能致远。我们要致力于我校英语教育教学质量长足发展和不断地提升。

"学讲练纠"课型模式初探

　　提高教学质量，构建高效课堂成为本校新课改的重要目标。高效课堂，就是在教学中最大程度发挥课堂教学功能和作用，在45分钟内完成教学目标，实现教学过程最优化、教学效果最大化。为此，我校在校长的提议下，在非毕业年级推出"学讲练纠"闭环教学新模式。为了更好推行和实施这项新的教学模式，本学期，学校举行了新课型模式大赛。通过本次活动，有效推进和落实了新课型的应用。在两个月的准备和实践过程中，我校部分优秀教师经过精心准备，展示了他们对新的教学模式的领悟和理解，在实践中通过不断修正、补充、完善，取得了阶段性重要成果，有序推进新课改的开展。

　　"学讲练纠"课型分四步教学法，我把它理解为："自主学习，归类问题""精讲提升，关注易错""巩固练习，知识应用""纠错完善、课堂达标"。

　　第一步：自主学习，归类问题。教师根据学情，集备组集体备课，确立学习目标，设置相关问题，编制确定导学案，发给学生。学生根据导学案设计的问题，依据教材提纲和内容，自主学习。在这个环节，全体学生要通过导学案掌握基础知识和基本内容，对疑点、难点、重点问题作好记录，该步骤可根据教学实际灵活安排在课前或课上。这是先学后教的先学环节，其目的一是为了充分发挥学生在学习中的自主性、能动性，真正体现学生的主体地位和作用；二是为了让教师发现学生在学习中暴露出的问题，以便增强教的针对性，避免重复学生自己已经学会的内容。变"学跟着教走"为"教为学服务"；先让学生具有独立性，让学生摆脱依赖，掌握独立获取基本知识的技能，自行发现并解决问题。在独立自主学习后，可安排合作探究：学生以小组为单位讨论交流，展示自学成果，浏览他人成果，讨论分歧的问题，提出遇到的困难（疑点、难点、重点等），寻求解决的途径和方法。学生相互启发，共同探究，集思广益，力求共识。对教师导学时设置的任务或问题，做出结论或给出答案，并确定组内发言代表，为课堂展示做好准备。互动讨论期间，教师要巡回辅导组织教学，确保人人参与，随时解决个别问题，并调查相近共性问题，为精讲点拨收集反馈信息，实际上就是"将"引导学生"兵教兵"。这一环节能充分调动学生的积极性，引导学生相互质疑，不断更正，确认目标，解决困惑，暴露问题。

在学的基础上选出优秀代表进行成果汇报：将学习结果向全班进行讲解、分析，回答其他人的质疑，提出未能解决的问题。发言的学生，一般应按导学环节分解自学任务时的题目顺序，依次发言交流，若其他小组对某个问题有争议，可随时与发言者展开讨论和交流，教师的点评穿插于展示之间，观察学生学习的思路和方法。既要找出做错的地方，又要讲清错的原因。在这一环节，教师要注意几个问题：做好充分准备，对展示的重难点适时加以必要说明，以引起学生足够认识；适当调控学生情绪，引起学生参与课堂的兴趣；尽量引导学生自己完成任务，使学生体会、感悟、欣赏知识规律，掌握推出过程中的思路，训练学生思维。

第二步：精讲提升，关注易错。学生通过自学、更正、讨论、展示之后，仍有不能解决的疑难问题时，教师才教，是为先学后教。在后教这个环节，自主学习和展示环节穿插融合。讲授要减少"课堂替代"，努力做到三讲三不讲，即学生会的不讲，学生看书或讨论后能会的不讲，讲了学生也不会的不讲。即讲知识缺陷，评解题规范，引导学生拓宽思路，纠正理解错误。课堂点拨必须根据学生"学"中存在的问题进行教学。针对性的教才能实现教师少教而学生多学。讲的内容包括：①对教材上不足的，学生理解不全面的适当补充。②学生理解有错误的。③规范学生的专业用语。每节课，教师应该讲多长时间，要根据学情而定，根据出现问题的多少、难易的程度而定。一般10~15分钟即可。

第三步：巩固练习，知识应用。是指运用所学知识，当堂完成达标测试，其目的有二：一是检测每位学生是否都当堂达到了教学目标，二是引导学生通过练习把知识转化为解决实际问题的能力。要求做到：①训练设计要有层次，体现不同水平学生的需求。②训练设计要围绕教学重点，注意疑点、难点和易错点。③训练内容重在应用刚学到的知识解决实际问题。④举一反三，触类旁通（体现变式训练）。⑤题目要有代表性和可拓展性（高中教学是聚焦高考）、典型、适度和适量，确保学生当堂独立完成。当堂训练是巩固知识、掌握方法、提升能力的有效过程，学生学过的知识、方法必须及时有针对性地训练，才能完成知识消化，学会解题方法，提高能力。

第四步：纠错完善、课堂达标。纠是对学生练习进行纠错，就是根据课堂呈现的学情对学生在审题、理解、表达、书写等方面出现的问题进行及时纠正，对学与教过程中的不足及时加以补救。通过抽检了解学生答题情况，对错题进行讲评点拨，指导学生做题方法，强调学生补漏纠错，引导学生梳理思路、总结规律、升华思维、培养能力，确保训练的有效性。最后教师还要总结相应解题思路、归纳解题的方法、答题的模式。这是"先学后教，当堂训练"教学模式的一个重要环节。

"学讲练纠"课型模式立足实际，实践效果成效好，有助于提高本校教学质量。

"学讲练纠"闭环教学模式

为了体现"目标导学，醒而教之"的新理念，我校在校长的带领下推行了"学讲练纠"的闭环教学模式。"学讲练纠"闭环教学模式的目的就是让教师在日常备课和教学中能够根据学生的认知规律，先让学生自主学习，教师根据学生的学情有针对性地进行讲解，讲解完之后，再让学生练习，然后根据练习中存在的问题进行纠错，先自纠，再让学生互纠，最后教师纠。教师讲解是基于学生学习和练的基础，讲解完一定要进行随堂检测，要求学生独立思考，独立作答，从而提高学生应试的能力。

首先，在研究新课程，挖掘新教材和了解学情的基础上，教师必须要精准定位每节课的教学目标。依据新课标将教学目标拆分成若干个教学子目标，在子目标的设置和设计上，要遵循具体、细化、可操作、可完成、有实效的原则。导学案是完成一节课的必要条件，"学讲练纠"要体现在导学案上，在导学案上的备课也要翔实。

其次，在"醒而教之"的前提下，教师一定要发挥学生的主观能动性，做到精讲精练精纠，重在以题为媒，让学生能通过一道题会一类题，达到举一反三、触类旁通的效果，真正让学生掌握解决问题的能力。在课堂实施中，教师要根据一节课的每个教学子目标进行内容的分配和完成，达到唤醒学生内在的目的。

再次，每个学习任务达成后，要对学生学习情况及时进行检测，掌握学生的学情。教师在此环节要根据课堂呈现的具体学情，对学生审题、理解、表达、书写等出现的问题及时纠错，在时间允许的情况下，可以让学生互纠，在纠错完成后，要让学生对本节课所学知识形成体系。

最后，限时进行课堂检测。教学与考试二者是同向同行且相互影响的，教学过程是一个开放、互补、交流分享的过程，而考试是一个封闭独立的过程，最终能够培养学生的独立思维，而检测我们教学的手段就是考试，所以教师要有每节课训练学生应试能力的意识。通过随堂检测，可以精准地把握本节课学生对所学知识的掌握程度。根据检测反馈，教师能够了解本节课的达成度，从而对教学中的不足进行补救，也可以提高学生的应试能力。

"学讲练纠"的闭环教学模式，层次分明、重点突出、以题为媒、聚焦课堂、教考结合，给教师的教学提供了有力的保障。

互动教学模式在高中英语教学中的
应用与探究

英语作为高中教育阶段最重要的学科之一，高中英语教学方法成为历年来英语课程标准改革的重点。高中英语的教学主要包括词汇、听力、语法、阅读理解和写作等内容。其中，特别是阅读理解题型，由于其题量大、分值多以及难度高的特点，对教师的教学过程和学生的学习过程均造成了挑战。因此，在日常教学中，如何通过完善英语教学体系，以提高教学效率，成为广大英语教师的关注重点。

一、互动教学模式的应用背景和意义

随着我国教育事业的进步，国家教育部门对高中阶段学生的培养目标发生了变化，并明确提出各中学要以学生的品质和能力与个人和社会的发展需要相适应作为培养目标，这使高中英语教学方法的发展也发生了改变；同时基于《普通高中英语课程标准（2017年版2020年修订）》，高中英语教学应当以发展学生个性需求为主要目的，通过实践活动，提高学生学习能力。因此，培养学生的核心学习素养和关键能力成为现如今英语教学的目标，而传统的教学模式已经不适应我国社会对高水平人才英语能力的需要，也不适应学生个人的发展需求，而需要更完善的教学模式加以替代。

　　互动教学模式是指以培养学生的自主思考和创新能力，让学生作为教学活动的主要参加者的教学模式。在这种教学模式下，教师在课堂之中不再作为中心，教师主要起引导的作用，课堂主角则由教师转变为学生。其意义主要表现在以下三个方面。

　　（1）提高自主学习能力，树立求知创新意识，教师引导学生参与课堂教学活动，激发学生的思维，推进学生进行思考，并且教师能及时了解学生对于语法或长难句的学习情况。因此，互动式教学模式大大提高了学生的自主学习能力。在教师的引导下，学生逐步养成自主学习的开放性思维，学生创新思维有所提高。此外，自主参与课堂教学还能促进学习兴趣的提高，从而进一步促进学生保持良好的学习状态。

　　（2）提高实践能力，促进合作竞争意识形成。英语是一门听说读写综合的学科，在传统教学模式下教师很少对学生的口语进行检查和指导。教师注重对学生的单向输入，而忽略了来自学生的反馈，这也就是目前国内学生英语口语普遍较差的原因之一。在互动教学模式中，教师可充分鼓励学生通过英语口语进行发言和回答问题，不仅可以帮助学生树立正确的发音习惯，教师还能及时发现错误的口语发声并对其进行指正，从而提高学生的实际口语能力。此外，互动教学课堂还注重学生之间的互动，通过将班级分为若干个小组，组内和组间进行口语的交流，组内互相纠正和补足、组间互相竞争，学生的综合素养得到提升。

　　（3）促进良好人际沟通，增强教学效果。教学的过程不仅仅是教师与学生之间知识传授与接收的过程，而是以学生为中心，教师与学生、学生与学生之间在校内外复杂环境影响下的过程。所以，班级内师生之间和学生之间人际关系的好坏不仅会影响整个课堂的学习氛围和教师的教学效果，更会对学生的个人发展带来影响。互动教学模式突破了师生与生生之间可能存在的交流隔阂，在课堂上做到教师和学生之间互相平等，使得教师与学生以及学生与学生之间不仅有理论知识上的传授与交流，还能营造出轻松的教学环境，提高教学效率。

二、高中英语互动教学模式的五个原则

高中英语互动教学模式的实现途径在高中英语教学中首先应当遵循以下五个原则。

（1）以学生为主体。在课堂上要为学生预留足够的思考和回答时间，以提高学生参与积极性为主要目的。

（2）要以开发学生求知欲为导向，引导学生对语法概念进行抽象性思考。

（3）师生之间和学生之间要互相交流和探讨，在创造情境中达到练习的目的。

（4）教师设计的教案内容要在紧扣教学大纲的基础上进行创新，以培养学生的创新意识。

（5）教师要时刻关注学生的学习情况，进行及时纠正，并针对每个学生开展个性化指导。具体可以从以下三个方面进行开展互动教学模式。

① 设置互动情境。通过在教学过程中设置互动情境，提高学生主动学习的积极性。具体来说，可以通过以下三个方法来设置互动情境。

A.基于教学内容，利用故事设置情境。当所教授的课程包含较强的故事性时，教师可以通过结合教学教案，以某一故事线将所有需要学习的词汇、语法和句式串联起来，形成一个完整的故事。这个故事不仅完全包含了这一章节所需要掌握的全部词汇，还能重点突出某些复杂句式或容易混淆的语法的用法。课前将设计好的情境以预习材料的形式发放给学生，在下一节课上由每位学生逐句翻译和解释，同时达到学生参与和教师教授的目的。B.在讲解某一语法知识点时，根据其用法给学生设置悬念，并通过发放奖励的形式鼓励学生参加竞猜，从而吸引学生的注意力，提高学习兴趣。C.以多媒体的方式，如视频、动画或图片等，将所学的课文形象化；同时，对于较难理解的长难句或长难段落，教师可以将长句和段落进行分段讲解，拉动学生参与尝试解答对长难句的理解。

② 优化互动措施。在互动式教学模式中，教师与学生之间的关系应当是基于人际互动的，以学生为中心，能最大程度地提升学生的学习主动性，更好地提高学生的学习成绩。因此，一方面，教师需要提升自己的素质。教师应当时刻关注学生的需求，尊重学生在课堂上的表现欲望，尽可能多地给学生提供口语交际的时间；同时，还要关注每个学生之间的个性化差异，尊重学生不同的想法，不可以轻易否决。此外，教师还要注意控制好课堂的进度，以热情和耐心拉近师生之间的距离。另一方面，教师要适当地使用言语调控。尽可能增大英语的使用量，增加学生感知英语和口语发音经验，也要利用好中文对英语的补充解释，提高教学效率；另外，教师在用英语施教时，需要注意使用与年级水平相适应的词汇量，要照顾到学生的实际能力；最后，采取循序渐进的方式，教学难度由简单到困难，把握好语速，不宜过快或过慢。

③巧用言语技能。在互动教学课堂上，言语互动是最主要的互动形式，这就要求教师需要掌握一定的言语技能。在互动课堂上，教师应注意以下几点。第一，尽量使用常见的词汇和适合年级水平的语法句式，避免使用复杂的句式。第二，口语表达要清晰和准确，确保学生能正确接收所学内容。第三，教师注意表达时要简明扼要，切不可为了展示高难度句式而导致本末倒置，给学生造成困惑。第四，说话要有条理，在备课时应当做好准备，提前组织好语言。

三、总结

互动教学模式进行教学能大大提高学生的课堂积极性，学生的思维创新能力和人际交往能力也得到了充足的锻炼和发展。教师在互动教学模式中起关键的引导作用，这对教师的个人综合能力提出了更高的要求。综上所述，互动教学模式的开展，需要学校的支持、教师充足的准备和学生的主动配合，只有师生之间相互配合，才能使教学效果最大化。

英语单词高效教学方法之我见

高中英语单词教学是最基本的教学，是提高学生听、说、读、写、看五大能力的基础，而大部分学生学习单词常常事倍功半，所以有效的单词教学方法就非常重要。比如利用词卡，结合阅读，培养词块意识；运用词缀，词汇引导法以及名人名言和谚语的积累等。总之，词汇教学是关键。

目前，在宁南山区贫困地区的大多数学生中，由于家庭经济条件的限制和家离学校远不得不住宿等方面的原因，学习英语面临着很多困难：胆小羞怯不敢开口讲英语；没有属于自己的时间去朗读英语和培养语感；没有合适的空间练习英语听力；等等。但是令大多数的学生学习英语感到头疼和困惑的一个问题就是：记不住单词。很多学生花费了很多时间去记单词，但时隔几日就忘得差不多了，所以往往事倍功半，这就严重地打击了学生学习英语的积极性。面对这个难题，我一直在潜心研究，注意发现学生记单词时一些不科学的习惯并细心积累了一些高效、准确、牢固记忆单词的方法，这些方法不但激发了学生学习英语的兴趣，还提高了我的英语教学水平和教学成绩。

一、词汇卡片记忆法

词汇卡片的内容应包含以下几个方面：相关词汇、音标、定义、词性、单词家族、近反义词、搭配词组、例句等。我们在课堂上尝试制作单词卡片，然后粘贴在一张海绵纸上，贴在教室墙上或者放到专门装词汇卡片的一个词汇盒里，供同学们平时学习和巩固词汇使用。这些课内课外的积累都是无形中的有形积累。正所谓不积跬步，无以至千里；不积小流，无以成江海。

二、词汇教学结合阅读教学

授人以鱼不如授人以渔。教师在词汇教学中，总是一味地教学生单词并反复强调要他们记下来，却从来没有意识教会他们自学单词的能力和培养他们自学的习惯。词汇教学和阅读是分不开的。教词汇的同时也在教阅读。教师让画面在学生的头脑中越清楚地显现，学生识记的效果就越好。所以词汇教学和阅读教学是相辅相成的。在阅读中，教师在考查学生阅读能力时，可以让学生通过上下文训练猜词能力，也可以充分运用不同的视觉材料让枯燥的单词记忆有了色彩和生机，这样也体现了词汇教学的有效性。

三、培养词块意识

帮助学生增强词块意识，培养学生区分词块，有目的地记忆，锻炼学生遣词造句的能力，训练了学生口语的流利性、准确性以及提高了学生写作过程中文字表达的能力，从而使得文章结构紧凑，过渡自然。比如，在口语训练中，教师可以先给学生设定一个场景（机场，酒店，教室，诊所等），然后给出几个特定的词块：定一个单间（book a single room），一张四人桌子（a table of four），结账（check out），去看医生（go to see a doctor），请几天假（ask for leave）等。教授新单词时可以先给出例句，让学生感受词的词义、词性和词的感情色彩以及运用语境。然后再让学生发挥想象自己造句，并分享给大家。还可以通过选择词形相近的词填空等练习，让学生灵活运用这些已给词块进行对话练习，一方面可以训练学生英语口语的流利性和准确性，另一方面更能加深学生对这些词块的记忆。在阅读教学中，教师可以淡化课文后面的单词表的意识，通过让学生粗读课文和细读课文后，划出文章中的固定词块，不但可以有助于理解文章的主要大意和每段的中心句，还可以扩大词汇量，增强学生的词汇意识。除此之外，教师还可以在写作中训练词块，比如firstly, secondly... last but not least, on one hand, on the other hand, furthermore, It's + *adj*. for sb. to do sth. You'd better...，where there is a will, there is a way. on the contrary, thank ... for ...What you need to do is...，等等，学生通过运用这些固定词块，既可以避免不知从何说起，东一句西一句凑字数，出现写作质量不高的现象，还可以节省写作时间，训练写作技巧，提高写作能力，从而提高写作质量。

四、运用词缀进行词汇教学

扩大学生的词汇量。在平时教授单词时，有意识的培养学生画出词的前后缀，并让学生归纳总结不同词性的后缀。比如：

名词性词缀有：-er，-or，-eer表示从事某种职业的人（worker，engineer）；-hood时期（childhood, neighbourhood）；-tion -ation状态，行动（education, starvation）；-ment状态行动（movement）；-ness状态，品质（illness, kindness）；-ism主义，道义，学说（idealism, socialism），等等。

动词后缀：-ify转化，变为（beautify, simplify）；-ize使……变得……（modernize, legalize）等。

形容词后缀：-ful有，充满（useful, hopeful）；-less没有，无（speechless, harmless）；-ous富含……(glorious, dangerous)等。

副词词缀：-ly以……方式（quickly, rudely）；-ward朝……方向（backward, forward）等。

当然还有很多前缀，如：dis-，un-，im-，in-等，通过对比之前的单词和加了前后缀的单词，总结出规律：前缀通常改变词性，后缀通常改变词义，这样既避免了学生在做题过程中不知道该用哪种词性，提高了基础题的做题能力，还让学生掌握了更多单词，扩大了词汇量，同时也让学生更进一步理解句意，从而提高了阅读能力。

五、词汇引导教学法

引导就是要把传递给学生的信息通过一定的方法或技巧反过来从学生那里获得，它帮助教师鼓励学生自主达到语言输出能力的训练，而不是被动地接受教师所教内容。比如：pole，教师可以这样引导：①它是地球的两个端点；②这两个端点是对立对称的；③一般来说是企鹅的栖息地。通过这三个问题的引导，让学生自己认识学习和掌握pole的词义、词性。又比如：chat，教师可以这样引导：①人和人之间的一种说话方式；②谈论的内容一般都比较随意，想到哪儿说到哪儿；③大多数情况下说话人的心情很放松很愉悦。学生会结合自己的日常生活经验，感受到这种说话是一种闲聊，就会准确地说出来chat是动词，有闲聊的意思，因此很容易掌握"和某人就某事闲聊"的固定句型结构为chat with sb. about sth.。这种引导法不仅可以提高学生的参与度，学生还会有更多的机会去表达自己的观点和想法，真正让学生做到我参与，我快乐。词汇引导教学法调动了学生的积极性，而且还可以加深学生对这个单词的印象，提高英语学习的效率，提高学生的学习兴趣。

六、名人名言和谚语的积累

在平时的英语教学中，我有意识地积累一些名人名言和谚语，不但可以扩大学生的知识面，还可以帮助学生形象地在语境中深刻地记住单词，为写作和口语打下坚实的基础。比如在讲授keep healthy（保持健康），keep a balanced diet（保持平衡膳食）相关内容，我就引用"An apple a day keeps the doctor away（一天一个苹果，疾病远离我）"让学生明白我们要保持健康和保持平衡的膳食。又比如讲解单词indeed（真正地），我会引用 "A friend in need is a friend indeed（患难见真情）"，让学生感受单词indeed的词性和词义。学生会在这样的一个语境中牢固记住这个单词。还比如讲解单词spill (spill-spilt-spilt)（溅出，洒出来），我会引用 "Don't cry over spilt milk.（覆水难收或木已成舟）"。我会让学生理解spill 表主动，spilt表被动，表示"被溅出来"，所以 "spilt milk" 就表示"被洒出来的牛奶"。学生也能在这个语境中深刻理解过去分词表被动，因此快速地记住这个谚语。

万丈高楼始于平地。单词就是一砖一瓦，要想盖好高楼大厦，就得打好坚实的基础。同样的道理，要想把英语学好，第一步就是要积累大量的单词，扩大词汇量。所以怎样让学生在有限的时间内准确记住更多的单词，提高学习效率，以便节省更多的时间兼顾到其他科目的学习，提高学生的综合知识能力是迫在眉睫的一个问题，我会边教学边反思，把这些方法更好地运用到英语词汇教学，激发学生学习英语的兴趣，提高学生英语词汇的学习效率。

参考文献

［1］剑桥大学出版社.剑桥英语学习词典［M］.北京：外语教学与研究出版社，2002.

［2］刘锐诚.学生实用英语高考必备（第14版·2014年全新修订版）［M］.北京：中国青年出版社，2014.

高中英语口语教学中
准确性和流利性的训练方法

英语教师在平时教学中，经常会面临学生说英语的流利性和准确性的问题，准确性和流利性是学习一门外语的缺一不可的要素。我们会发现传统的英语教学强调的是准确性，老师的讲课具有权威性，学生只要按老师讲的去记去念就行了。

然而，只有准确性在语言学习中是不够的。要培养学生的听说技能，就必须要关注学生语言的流利性。因此，出现了一些注重语言学习的流利性教学法。这些教学法更多关注的是如何使用语言而不是它的形式和结构。因为语言形式方面的错误被认为是交际技能发展过程中的一种自然的结果。

一、流利性和准确性的对比

在语言教学中，流利性与准确性是两个不同的甚至是截然相反的概念，区分二者有利于语言教学。注重发展流利性的语言教学活动是鼓励学生即兴地使用语言进行交际，有利于提高学生真正的语言交际能力，而注重发展准确性的语言教学活动是通过机械的语言操练以达到学生的语言产出准确无误，它注重的是语言的形式。英语口语流利性包含许多层面，不只包含语言因素，还受到语言以外的因素的影响，例如会话的环境，会话者的性格以及会话的目的和听众的反应，等等。所以说，过分单方面强调某一方面的能力，都不可能达到语言习得的平衡。

二、流利性与准确性的定义和关系

口语流利性指在语言的运用过程中，言语所表现出来的流畅、自然、快速、具有可接受性的特性。口语表达的准确性不仅仅指句法的正确运用，而且指学生讲出来的口语是否符合目标国家的习惯表达方法。其实，流利性和准确性是一对既矛盾又统一的术语。流利是基于意义的，准确是基于形式的。

三、准确性和流利性训练方法

在英语口语教学中，教师要通过各种各样的活动培养学生语言的准确性，包括恰当使用语法和词汇。流利性就是培养学生良好的交流技能，是通过给学生提供一些自由的口语训练，让学生自由表达自己的观点和想法，谈话内容只限制主题，从而培养学生的交流技能。为了实现学生口语表达准确和流利，针对每个环节教师要设计不同类型的训练方法对学生进行操练。准确性训练练习对学生来说要简单并且有效，因此教师要设计一些控制性练习和半控制性练习，便于操作。流利度训练阶段教师要设计一些自由的口语训练练习，培养学生流利使用英语交际的能力。

（一）准确性训练活动

1. 重复

重复是常用的也是简单的一种操练方法。学生根据教师的示范进行反复操练，基本要求是教师必须正确，并且要指导纠正学生的错误。

2. 替换

这种方法是教师给出一个句子操练，之后可以换掉句子中的某个单词，继续反复操练，每次只替换一个单词。例如：练习对食物喜好的句子时，教师可以利用图片出示食物，给出句子：I like hamburgers.(把hamburgers替换成mushrooms, chocolate等，继续练习。)

He/She likes hamburgers.(把主语替换)

She doesn't like pizza.(把likes改为doesn't)

（1）个性化或交际性操练。在这种方法中，教师设计的练习应该更具有实践意义，更接近学生真实生活从而训练学生交际和语言使用能力。例如：Do you like eggplant? That's beautiful dress.(dress可替换成别的单词)Where did you get it?可以让小组内学生轮流回答。

（2）链式操练。这种训练方法教师给出话题和目标教学结构，小组内同学利用此结构轮流问答，如回答是肯定，可以追问更多问题以获得更多信息，训练学生使用语言的准确度，设计时教师要贴近生活的话题和语言结构的功能性。在规模较大的教学班级，这是一种行之有效的练习方式。例如：Have you ever been to Beijing?

目标结构是"have been to "，答语是"Yes, I have."或"No, I haven't."

如果有同伴是肯定回答，就可以继续问下一问题：

"When did you go?" "Whom did you go with?" "How did you feel?" "What did you see?"等问题以获得更多信息。

（3）默念操练。此种训练方法是教师示范句子，学生可以不出声，这种训练方法对于缺乏自信的学生是一种极大的鼓励。

（4）大声操练。教师可以要求学生尝试用高兴、生气等语气喊出句子，此种训练对于昏昏欲睡的学生是非常有帮助的。

（5）倒序和顺序操练，也称作"加词"，可以向前加词也可以向后加词。教师可以把一个多音节的单词或长句子按照音节或意群划分，每次操练一个音节或意群，直到完整的读出整个句子或单词。教师示范，学生重复，从前往后，从后往前，可以训练学生把句子说得又自然又有节奏。例如：

on a trip

go on a trip

if we went on a trip

great time if we went on a trip

have a great time if we went on a trip

We'd have a great time if we went on a trip.

又例如：

re

response

responsible

responsibility

（二）流利性训练活动

1. 耳语

此活动是小组成员用耳语的形式传递一个完整的英语句子。教师设计时可按照6人一组进行全班分组，每小组拿到6张小纸条，每张小纸条设计一个问句，小组成员按照1,2,3,4,5,6编号。如："What impressed you most when you speak to a child?"活动第一阶段：从1号开始先拿第一张纸条自己读完后以耳语的形式将句子传下去，最后6号将听到的句子写出来。6个人轮流把所有纸条上的句子用耳语传下去并写出来，对照检查所写的句子是否完整准确。活动第二阶段：小组成员讨论纸条上面的6个问题。规则：①小组成员之间不能提前看纸条内容，不能交流纸条内容。②每句话最多说两遍，之后如果还没听清，可以凭想象往后传。③最后一位成员写句子时要保密，写出的句子不能给其他人看。

此活动第一阶段可以训练学生的听和写的技能，是对学生语言准确性的训练。活动的第二阶段为讨论阶段，主要训练学生流利使用语言，学生可以自由地表达自己的观点和想法。

2. 金字塔讨论法

首先创设情境和意境，然后就此展开对话训练，最后让学生呈现自己的讨论成果，教师做延时纠错。如：我们要去野营，请列举出6种必需品，这一阶段学生独立完成；第二阶段，以4人为一组，商量讨论，因为要待在孤岛上三天，但必需品需轻便携带，所以必需品减少到4种，又假设待在孤岛上的时间延长到5天，所需物品减少到3种必需品。小组讨论时要说明原因，可以用一些规范语或"if"条件句。最后派代表分享本组的清单和理由。

3. 角落选择法

全班同学可以站到一起，选择某个角落，教师提出某个观点，让同意此观点的同学选择站一边，不同意的同学站到另一边，然后教师可以分别和同意和不同意的同学对话，交流同意或不同意的原因。此过程可以反复进行，当然学生移动动作要轻，不能影响其他班的上课。

英语口语表达的流利性和准确性没有清晰的界限，只强调流利性，其结果使学习者丧失信心，最终不再使用这种语言；反之，只注重准确性，结果是只言片语的表达。缺少哪一方面都不能说学习者具备了良好的英语能力，它们是辩证统一的。教师应该将两者看作是一个连续的、自我矫正的过程，在课堂上教师可以根据具体的教学环境和学生英语水平随时调整教学方法，以达到英语口语教学目标。

高中英语线上教学困境与策略探究

我校曾采用网上授课的形式来指导学生在校和居家学习。针对校内外师生的不同情况，学校分别制定教学方案，为线上教学提供支持和保障措施。校外教师通过腾讯会议投屏到教室大屏幕，校内学生在教室集中收看并参与互动，居家学生用手机或电脑也可参与互动学习，线上教学整体平稳有序地开展。但是，由于时间紧迫，很多在线教学的设计方法很难让学生接受，加之学生缺乏自主学习的意识，导致网络教学收效甚微。在线英语教学是"遥控"教学，教师不能全面、及时地对每个学生的学习情况做出全面、及时的评估。基于这种情况，英语老师们需要创新线上教学模式，提升学生学习兴趣，从而提高学生的学习效率和英语学习能力，实现"停课不停学、学习不延期"的目标。

一、高中英语线上教学面临的困境

（一）教学节奏难以调整

传统的线上英语课主要为学生被动地进行学习，这种教学方式过于死板，而且高中英语词汇量大，背诵不仅会降低他们的学习积极性，不完善的英语学习环境会降低学生的口语和听力水平。同时，由于学习成绩的两极化的情况存在，教师需要顾及学习能力较弱的学生能否跟得上教学的步伐，也需要满足学习成绩较好的学生对新知识的渴望。因此，为了兼顾不同学习水平的学生的感受，教师需要根据教学内容的难易程度以及课堂的进度来设计出更加合理的分层次作业，从而使线上英语教学质量得到提升。在英语教育的实际发展中，英语教师在优化教学计划的基础上，将互联网信息技术融合起来，运用新颖的线上教学方法，形成良好的教学氛围，着重培养学生的学习动机，提高学生学习效果，全面提高线上英语教学质量。

（二）线上教学模式不够丰富，学生缺乏学习兴趣

受传统高中英语的教育方法和理念的影响，许多英语教师仍采用传统教学模式开展线上教学活动。比如，教师没有设计有趣的课前导入环节，只念PPT上的内容，忽视了学生的学习兴趣的培养。在高中英语课程中，教师在教学设计中可以给学生更多的学习权，而不是统一的高密度语言知识输入，只有学生有能力自主完成英语学习，才能得到更好的体验和效果。值得注意的是，英语课程教学模式的丰富不是要提供特别多的英语学习方法让学生选择，而是要让学生在开始英语学习之前获得一定程度的自主权，提高自身的学习兴趣。

（三）只关注教学结果，忽视师生互动

高中的英语课堂比较重视学生的学习成绩，导致高中英语线上教学缺乏师生互动。英语教学的教学目标不仅仅是完成理论知识的教授，还需要关注高中生的口语表达能力的提升。

因此，教师要充分准备好线上教学方案，增进师生互动，培养学生的口语能力。

二、高中英语线上教学的策略

（一）恰当设置驱动任务，以任务为载体落实线上教学

高中阶段的学生一般都具有对外部世界的探究能力，能够在独立思考和合作分析的过程中，加深对外部世界的认识和了解。因此，在线上教学过程中，英语教师应自觉地为学生设置与英语教学内容有关的教学任务，并通过教学活动作为教学载体，促进学生在单元教学中的整体学

习。在中学英语课堂教学中，如何充分发挥单元式教学的功能，是一个重要的切入点。比如，在人教版高一英语"The Freshman Challenge"的教学课程中，教师首先问了一个问题："What problems do freshmen usually encounter?"高一的新生们，也要面对像美国学生亚当刚刚进入高中时的困境。由于每个人都有自己的理解和想法，所以，这个问题的设定，可以让学生主动地表达出来。在学生们结束表达之后，教师可以鼓励高中生将自己认为好的观点记录下来，并尝试着进行"Freshmen Challenge"的主题写作练习。在实施线上教学中，合理地设定驱动任务，能够使高中生提高自身的学习动力。此外，还可以设置有趣的课堂作业，比如在教学"Travelling around"时，教师可以布置作业，让学生通过网络平台收集关于一些著名旅游景点的资料，制作成PPT。然后，在下一节课的课前环节，让学生上传自己的PPT，并且在课堂上进行展示。通过这种教学方式，可以提升学生的学习自主性。

（二）进行多层次动态评价，激发学生的学习兴趣

在线上教学过程中，教师需要结合新的教学方法的特点，改革教学评价体系，引导学生进行自我反思。因此，为了有效开展线上教学，还需要建立科学的教学评价体系。教师需要根据目前的教学情况以及教学体系的重构，构建小组互评、反思评价、学生之间的互评等多元教学的评价体系。例如，在"Teenage life"这一单元主题教学中，教师可以将听说读写等英语培养目标有机融合在一起，并给学生提出了一连串的问题，以问题为依据，让学生进行讨论分析。在这个基础上，教师给予学生机会，让学生把自己的想法表达出来。在这个阶段，有些同学的英语口语流利，语法使用得当；有的同学口语不流利，需教师给予学生正面的肯定和鼓励。同时，在英语课堂教学中，教师要主动营造良好的教学环境，并引导学生集中呈现各种教学内容，提高其运用语言的能力。比如，在英语课堂中进行口语学习的时候，能够让学生明白进行口语学习既能够提高自身的学习能力，还能够丰富自身的情感体验。此外，教师还可以建立微信群，学生可以在课堂微信群中，用所学的英语单词和句型展示自己居家学习的生活，并附上相应的学习内容，这样可以让学生巩固知识，扩大英语知识学习的范围，同时也对学生的身心健康的发展有帮助。

（三）人机对话，促进师生互动

让学生更积极地说英语，这是老师最关心的问题。在线教育中存在着大量的"沉溺网络"问题。学生无法专心听讲，造成课堂学习的低效；在缺乏交互性的语言环境中，学生仅限于"说"这个层次。我们可以把网络教学与信息技术相结合。随着人工智能时代的来临，智能音箱和其他智能电子设备通过人机对话为我们提供了丰富的生活乐趣，就像"人机对话"一样，在线教学和学习也是如此。在英语课堂中，教师可以通过"人机对话"的方式展示师生和生生的交互作用，使学生能够更好地发挥交际的作用，达到教学目的。比如，在教授人教版高一英语"Sports and fitness"时，教师可以通过网络平台展示一些国内外著名运动员的图片，让学生点击"举手"按钮来主动说出他们的名字以及说出他们所从事的运动项目的英文名称。利用网络平台可以提升师生互动的频率，激发学生的学习兴趣。同时，教师还可以将学生按照平时成绩以及学习表现从高到低分成A、B、C三个层次。然后教师可以利用多媒体技术播放与运动相关的英语歌曲或者视频，为学生创设语境，让学生熟悉相关词汇的发音。最后教师让C层次的学生学习如何正确拼写单词，让B层次的学生解释不同单词的含义，让A层次的学生朗读课文。通过利用分层教学，能够有效提高学生的自主学习英语的能力。

三、结语

总之，为了提高高中英语线上教学的有效性，教师要认识到线上教学模式的重要性，同时结合自己的教学方案优化教学过程，采取有趣的教学方法，提高学生的学习能力。在轻松的课堂氛围中，学生的学习过程是完全自由的，学生可以专心学习，充分体验学习的乐趣。通过课前预习，学生能够提前掌握文章的重难点，带着问题进行深度学习，提高自身的学习主动性与知识运用能力。

何谓课堂教学目标

在汉语中目有眼睛、看、注视、视野等含义；标指标准、准则。目标主要有两层含义：其一指观察、射击、攻击、寻找、嘲笑等行为的对象或某些行为所要达到的地点；其二指对活动结果所预先设想或拟订的要求、标准。英语中的purpose、goal、target、aim、objective等词均有目标之义，purpose、goal、target、aim往往指一般的、较为宏观的目的或目标，objective一般表示具体的目标，往往与具体行为的对象或行为结果相联系。

教学目标，自始至终都应该以使学生在学习中或学习后在内在心理或外显行为上产生知、情、意、行的变化为目标。

教学目标的激励功能：激励理论认为，激励作用的大小遵循"激励力＝目标效价×目标达成度"这一规律。这里的目标效价是指个人对目标价值大小的评价。从目标效价角度说，要提高激励力就要使制定出来的目标符合学生的需要，使学生认识到通过努力达到目标是有价值的。目标达成度即目标实现的可能性。从目标达成度来说，要提高激励力就要提高目标实现的可能性。目标效价与目标达成度往往互为消长。教学目标过易，达成度高，效价就偏低；教学目标过难，达成度低，效价又往往会提高。目标效价与目标达成度任何一项过高都不能起到最大的激励作用。只有教学目标适中，"目标效价×目标达成度"的积（激励力）才能最大。所以，教学目标太容易或太难达到，都不能使学生产生较高的学习动力，只有教学目标处于学生的最近发展区，使学生跳一跳能摘到桃子，才能更好地激励学生。

在课堂教学目标表述上应结合精确化表述（通过可观察、可测量的行为表述课堂教学目标）和模糊表述（对情感、态度等方面的目标表述）的优势，做到既有一般性目标，又有具体目标。

有关高效课堂"误区"的小诊断

我们学校是在2014年顺应国家教育课程改革，开始实施高效课堂的。在这一年半的教育教学实践中，一部分教师基本能按照高效课堂的"五步三查模式"开展教学。"五步三查模式"即自学—对学、群学—小展示—大展示—整理导学案、纠错、达标检测。（"五步三查"的要求如下：第一步：根据导学案独学，找出不会的问题，教师一查自学进度和效果，解决60%的问题。第二步：围绕困惑对学、群学尝试解决20%的问题。第三步：以小组为单位，在小组长的组织下，进行本组的学习成果小展示，教师"二查"展示过程中暴露的问题，解决10%的问题。第四步：教师根据小展示中的问题，归类共性问题，反馈问题，进行全班大展示。第五步：学生整理导学案并纠错，自我反馈，教师进行全班达标检测）。但是在高效课堂具体实施过程中，还有一部分教师存在着问题，现归纳如下。

一、导学案综合征

具体表现为：①以教案为中心制定导学案，上课不考虑学生的实际需要，完全依据自己准备好的方案进行教学。②导学案要么简单罗列知识点，要么一堆练习题。③导学案忽视个人差异，要求每个人必须都按时完成。④导学案有发不收，有收不批，有批不评。⑤达标检测没有单页当堂发下去检测，而是和导学案印刷在同一页提前发下去，有些同学会提前做，没有起到对教学内容有效检测。

诊断及治疗：

根据自身的特点、条件和学生的实际情况以及课程的特点，科学地设计课程目标编制导学案。

而导学案综合征让学生、教师、教本之间的思想碰撞火花的动态过程消失了，学生只能机械地被教师牵着鼻子走。编制导学案时要遵循五个原则：课时化原则、问题化原则、参与化原则、方法化原则和层次化原则。

课时化原则：在学科教材中，一些章节的内容用一课时是不能完成的。因此需要教师根据实际上课安排调整，分课时编写导学案，使学生的每一节课都有明确的学习目标，能有计划地完成学习任务，最大限度地提高课堂教学效益，而不是制定固定的导学案，呆板的一课时一教学任务。

问题化原则：指将知识点转变为探索性的问题点，通过对知识点的设疑、质疑、解疑，从而激发学生主动思考，逐步培养学生的探索精神以及分析、归纳、演绎能力，而不是简单罗列知识点或一堆练习题。

参与化原则：通过对导学案的使用，创造每一个学生的参与机会，激励每一个学生的参与热情，提高每一个不同层次学生的参与能力，增强每一位学生的参与意识，让每一个学生在参与中学习，优秀生从导学案的设计中感到挑战，中等水平的学生受到激励，学习困难的学生也能尝到成功的喜悦。

方法化原则：导学案中应该体现教师的指导和要求，还要有学习方法的指导。如在学生自主学习时，教师要明确具体地告诉学生看教材哪一页的哪一部分，用多长时间，达到什么要求，自学完成后教师将采取什么形式检查等。

层次化原则：在编写导学案时将难易不一，杂乱无序的学习内容处理成有序的、阶梯性的，符合各层次学生认识规律的学习方案，认真研究导学案的层次性。

导学案要有梯度，能引导学生由浅入深，层层深入地认识教材和理解教材。教师要适时将导学案收回，仔细批改，对导学案上反映出的个性问题及课堂上未解决的共性问题，及时安排指导和讲解，并指导学生对导学案进行及时的消化、整理、补充和归纳。最后当堂反馈练习尽量在课上让学生独立完成，并及时给出解答。一方面既巩固所学，又使学生学有所用；另一方面，可让教师获得直接的反馈信息，为课后的教学、指导提供依据。

二、小组之间发展不平衡和小组功能紊乱症

具体表现为：各小组发展差异较大，有些小组明显在各学科都表现优秀，而有些小组在任何学科都落后，缺少学科组长的带动，整个组像一辆沉重的马车怎么也跑不快还可能随时瓦解。另外，有些小组的功能也没有完全发挥，教师将所有的教学环节、教学任务全都交给小组去完成，教师自己没有及时指导。于是学生热热闹闹了一阵子后，只有少数人发言，各组代表开始展示，最后是教师统一了大家的认识。整节课上，小组既代替了个体的独立思考，又代替了教师的点拨指导。学习好的同学往往越来越大胆、自信，学习有困难的学生越来越自卑、无所事事，最后只能掉队，成为小组里的透明人了。

诊断及治疗：

新课程倡导自主、合作、探究的学习方式，目的是帮助学生树立主体意识，进行个性化的独立思考和学习探究，并能形成个性化的理解和结论。独自解决不了的问题才有必要提交小组讨论，并在师生、生生的互动中解决问题。合作学习以师生、生生之间共同交流探讨和研究为基础，目的在于激发学生的创造力，培养合作精神，促进自我反省。

表面上看小组学习和课堂讨论氛围浓厚，但实际上由于分组存在着随意性，分组有时不科学，加上部分教师上课似乎总离不开分组学习，

学生讨论过度，似乎只要讨论就能上好课，但讨论的问题价值不高，结果出现"跑龙套"现象。

因此在合作学习过程中，教师要明确思路，分工细致，责任到人，以一个合作学习的指导者、组织者、评价者的身份参与全过程，并且科学监控，使合作学习在一种流畅、严谨的氛围中进行，使合作学习成为学生求知的科学快捷的通道。

三、课堂虚假繁荣症

具体表现为：片面追求课堂热热闹闹的繁荣景象，一些活动没有明确的目标，也不管有无活动的必要，为活动而活动。课堂上学生一会儿表演，一会儿小组讨论，一会儿大组内交流。学生一会儿忙这，一会儿忙那。教师设计的活动或为展示自己的表演才能，或以新奇的形式取悦现场听课的教师……活动已经偏离了正常的教学内容，成为课堂教学的"游离成分"。

诊断及治疗：

从表面上看学生是动起来了，小组合作学习也开展起来了，课堂气氛也很活跃，但仔细观察便会发现，这些课只停留在形式上的繁荣，没有真正激发学生深层次的思维。一堂课下来，学生常常是只记得搞笑的地方，对应该掌握的知识知之甚少。学生在课堂上主体地位的确立，是以一定的参与度作保证的，学生没有参与，或参与得不够，就算不上主体。学生的参与状态，既要看参与的广度，又要看参与的深度。就广度而言，学生是否都参与到课堂教学中来了，是否参与了课堂教学的各个环节。就深度而言，学生是被动地、应付地学习，还是积极主动地探究？课堂教学要的不是热闹场面，而是对问题的深入研究和思考，这种热闹和热烈好像水面上的泡沫，学生并没做深入的思考，思维深处仍然是一潭死水，因此，损害教学的内在功能，失去教学的真正价值。

总之，高效课堂是生命课堂、生活课堂、生态课堂。教师要把课堂还给学生，让学生真正成为课堂的主人，教师在学中教，学生在教中学，教师要尊重学生的个体差异，让不同层次的学生愿意学习，形成自学能力和自我发展能力，为将来走向社会奠定一定的基础。

如何提高听课技能

听课是教师职业生活中的常见活动，作为老师，我们能通过听课从同行和同事身上学到优点，促进教学和科研，同时促进自我反思，并进一步提高教学能力；作为校长，听课更是了解学校教学情况和教师水平的重要一环。听课关键听什么？怎么做听课笔记？目前，很多教师选择在上课之余能够经常去听同行的课，甚至寻找机会积极参加学校或教研部门组织的各种活动，去倾听名优教师的课。然而，我们在对教师听课的积极性感到欣慰的同时，却不能不对教师听课中普遍存在的"高耗低效"的现象给予高度的关注。下面从听课的操作层面，谈谈作为一名教师，听课时应该掌握哪些技能，才能提高听课的实效性。

一、宏观看整体

课程改革使教和学的方式都发生了较大的变化。教师不再是课堂教学的领导者，而是课堂教学中与学生平等的一员，是教学活动的设计者、参与者、指导者；教师不再是学生学习的讲解员，而是促进学生自主学习、合作学习的引路人，教师要尽量减少对教学时间和空间的占有，把更多的教学时空让给学生……课程改革的这些教学理念都要融入我们的实际听课中去。运用这些理念去观察和把握授课教师的教学思路是否清晰，教学方法是否得当，重点是否突出，难点是否攻破，知识建构是否合理，训练是否有效，活动的效果是否好，教学目标的达成度是否高，各环节的时间安排是否科学，教师的数学功底和教学基本功是否深厚和扎实，等等。从而从整体上对所听的课给出一个宏观的评价。（如优秀、良好、一般、较差；或划分A、B、C、D；等等）。听课教师只有从整体上观察，从宏观上把握，才能对一节课的优与劣、高效与低效、成功与失败作出科学、准确的评判。

二、微观品细节

细节决定成败，一节课成功与否，往往与教学过程中教师对细节的关注和处理的灵活程度密切相关。因此，听课还要对授课教师设计的每个教学环节进行认真思考和分析，特别是对一些重要的教学环节，要细致入微地品味，认认真真地推敲。既要深入思考教学过程中的每一个细节在数学知识的形成、发展和应用过程中的作用，更要推敲其创新性与合理性问题，如：这些细节对揭示数学本质有什么帮助和作用？这就需要教师要正确掌握听、看、记、思的要领，才能提高听课的实效性。听什么、怎样听？听课时首先要做到集中精力。

一要听教师的教学语言。不但要听教师的语言基本功（如语言是否清晰流畅、是否简练形象、是否使用普通话、学科术语的表述是否科学准确等）；还要听教师的语言艺术（如，对问题的提出与阐述、对教学内容的分析与讲解、对学生的引导与评价、对教学环节的过渡与衔接等，是否严谨、直观、生动，是否具有感染力、驱动力，是否具有激情等）。

二要听学生的课堂发言。倾听学生的发言能够了解学生对所学知识的掌握和内化的程度，发现学生有创意的见解和思维障碍，了解教学的真实效果，为教学评价提供依据。听学生发言主要听学生对问题的回答是否正确，是否能够清楚地表达，语言是否流畅，有没有自己的观点，其观点是否有创意，能不能提出有见解的新问题，学生交流时的谈话，小组讨论后学生代表的发言等。

看什么、怎样看？首先，要看教师的主导作用发挥得好不好。

（1）看教师对课标的把握、对教材的领悟和处理是否准确到位。

（2）看教学内容的选择和教学过程的安排是否有利于突出重点和突破难点。

（3）看教学活动的设计和组织是否切合教学实际和满足学生需求，是否有利于学生的参与和体验（主要看是真活动还是伪活动，活动中学生是智力性参与还是形式上参与，是大多数参与还是个别参与）。

（4）看教师的教学是不是充满激情，能不能振奋学生。

（5）看教师的专业功底和教学基本功是否深厚和扎实，有没有良好的示范作用。

（6）看现代化的教学手段有没有运用，使用是否得当，等等。其次，要看学生的主体地位有没有得到充分体现。

（7）看学生参与活动的机会的多少。如：活动的次数，参与活动的人数，回答问题的人次等。

（8）看学生在活动中的状态。如：是否善于动手操作，与同学交流时是否善于发言，小组讨论后是否能积极勇敢地汇报，是否能够提出有一定价值的问题，学生板演的情况等。

（9）看学生在探究问题中的表现。如：对问题是否善于思考，是否会思考，是否敢于发言，是否会发言（即发言的水平）等。

（10）看学生的学习氛围是否高涨。如：学生回答问题的积极性，参与活动的热情，师生配合的默契程度等。

三、记什么、怎样记

听课记录应包括四个方面的内容：一是基本信息；二是教学实录；三是教学点评；四是教学总评。

1. 基本信息

主要是指与听课有关的基本信息。如时间、学校、班级、学科、授课者、课题、课型等。

2. 教学实录

记录的是教学的内容，主要包括：①教学过程。包括教学环节、教学内容、教学活动（教师的重点提问、学生的典型发言、教学亮点和失误之处，教师和学生的语言、活动的大致情况等）；②教学方法和教学手段。其次，对教学过程中的不同环节的记录也应有详简之别。如对课堂教学中教师创设情境引入新课的过程、问题的探究过程、例题的分析过程、教师引导的精妙之处和不足、学生在活动中的闪光点和暴露出来的问题等都需要详细地记录，而其他一般性的教学环节则可以简记或不记。

3. 教学点评

既可以是对教师引导或讲解的精妙之处或不足之处的分析，也可以是对学生发言或回答问题过程中所迸发出的智慧火花或存在问题的评议；既可以是针对教学中某些具体问题或活动设计的看法与思考，也可以是受特殊场景或偶发事件启发所产生的灵感和顿悟。

教学点评不必拘泥于内容和形式，但教师一定要把自己的真实想法、感悟、观点和评价写出来。尽管自己的观点和评价可能会很片面或有偏差，但它体现的是自己独立的、富有个性化的教学视角，是对自己教学理论水平和教学评判能力的综合检验。

4. 教学总评

听完课后教师应对教学实况反复琢磨、全面思考，对授课教师好的做法和不足之处进行归纳分析，肯定成功之处，指出存在的问题和不足，并提出改进意见，听课教师写出的这种综合性的评价材料就是教学总评。教学总评能力有利于提高听课效益和教师专业素养，它比教学实录更重要。

四、思什么、怎样思

听课不思考就不可能作出准确的评价，更不会有收获。教学点评和教学总评都来自对听课的思考。听课过程中要思考：教师为什么要这样处理教材，换个角度好不好；问题的设计是否有探究的价值；设计的活动是否有意义；亮点和不足之处的原因是什么，对学生会产生什么样的影响等。

听课之后要从三个视角对整节课进行分析思考：专业的视角、教学视角和特色视角。专业的视角（主要看专业功底）：内容是否充实、完整，逻辑线路是否明晰；新知识建构过程是否合理；是否有学科思想方法的渗透、提炼或阐明等。教学的视角（主要看教学能力）：教学过程是否自然，是否和谐地融入三维目标；教学要求是否恰当，适合学生的最近发展区；是否有创设发现情境、鼓励探索质疑、多向交流沟通、促进意义建构的教学方法；教学过程是否有序、完整，思路是否清晰；教学重点是否突出，难点是否攻破，教学目标是否实现等。特色视角（主要看教学特色）：教学方法是否有特色；教学内容是否有创新；教学风格是否有独特性等。

以听为主，兼顾其他；教师板书、学生板演、小组讨论、观察实验时，以看为主，兼顾其他；学生练习时，听课者既要观察授课者此时的行为，又要侧重于对已完成的教学时段的思考，并记录点评意见。

总之，听课为教师提供了一个观察、学习和借鉴的机会，为教师的专业成长构建了良好的平台。作为一线的广大教师要珍惜每一次听课的机会，做到每次听课都有所得。因此，这就要求教师要在听课实践中加强学习，掌握技能，提高实效，学会听课，从而更好地发挥听课的功能和作用。

英语构词法的前缀和后缀

一、前缀记忆法

（一）表示否定的前缀

1. dis- 加在名词、形容词，动词之前

disadvantage (缺点)，dishonorable(不光彩的)，disagree(不同意)

2. in- 加在形容词，名词之前

incorrect(不正确的)，inability(无能，无力)，inaccurate (不准确的)

3. im- 加在字母 m, b, p 之前

impossible (不可能的)，immoral(不道德的)，imbalance(不平衡，不均衡)，impolite (不礼貌的)

4. il- 加在以 l 开头的词前

illegal (非法的)，illiterate (文盲的，无文化的)，illogical (不合逻辑的)

5. ir- 加在以 r 开头的词前

irregular (不规则的) ，irresistible (不可遏制的，忍不住想要的)

6. un- 加在名词，形容词，副词之前

unfinished(未完成的)，undoubted(无疑的)，unemployment(失业）

7. non- 加在形容词，名词前

non-existence (不存在)，non-essential (不重要的)，non-electrical(非电的)

8. mis- 加在动词、名词之前

misunderstand (误解)，misjudge (误判)，misleading (误导)，misfortune (不幸)

9. dis- 加在动词之前

disappear(消失)，disarm(解除武装)，disconnect (失去联系)

10. de- 加在名词，形容词之前

decolor (脱色，漂白)

11. anti- 加在名词、形容词之前

anti-Japanese (抗日的)，anti-social(不合群的，反社会的)

12. counter- 加在名词、动词前

counterattack(反攻，反击)，counteract(抵抗，抵消)，counterrevolution (反革命)

（二）表示"前"的前缀

1. pre

pre-existing (先于……而存在的)，pre-selection(选举前的)，preface(前言)

2. ante

anteroom(前室，接待室)

3. fore

forecast(预测，预报)，forehead(前额)，foreman(工头，领班)，foresee(预见，预料)，foretell(预言)

4. pro

programme (计划)，prologue(序幕)

5. ex

ex-president(前总统)，ex-wife (前妻）

（三）表示"后""低""下"的前缀

1. post

post-war(战后)，post-position(后置词)

2. sub

sub-editor(副编辑)，sub-way(地铁)，sub-conscious(下意识的)，submarine(海下的)，subtropical(亚热带的)，subtitle(副标题)

（四）其他前缀

1. re：表示"回""再""向后"

retranslate (再译)，reinforce (加强)，reconstruct(重建)，return(返回)

2. retro：表示"回""向后"

retrograde (倒退的)，retrospect(回顾)

3. co：表示"共同""和"

co-exist(共存)，co-operate(合作)，co-education(男女同校的教育制度)

4. inter：表示"相互""之间"

interchangeable (可互换的)，international(国际的)

5. extra：表示"出""超出"

extraordinary (非凡的)，extramural(校外的，机构以外的)，extrasensory(超感觉的)

6. auto：表示"自己""自动"

automatic (自动的)，autobiography(自传)

7. tele：表示"（距离）远"

telegram(电报), telephone(电话), telescope(望远镜)

8. 表示数量

【bi-，di- 二】

bicycle(自行车), dioxide(二氧化物)，biweekly(两周一次的)

【tri- 三】

triangle(三角形)，tripod(三脚架)

【multi- 多】

multi-colored (颜色多样的)，multi-national(多国的)，multiply（成倍增加）

【centi- 百分之一】

centimeter(厘米)

【milli- 千分之一】

millimeter(毫米)

【kilo-千】

kilowatt (千瓦)，kilometer(千米)

9. arch-：表示"首领"

archbishop(大主教)，architect(建筑师)

10. bene-：表示"善，好"

benefit(利益)，benevolence (善意)

11. se-：表示"分离"

separation (分开)

二、后缀记忆法

1. -ster，-eer，-er(or)：表示"从事某种职业或参与某种活动的人"

engineer（工程师），driver（司机），teacher（教师），director（导演），actor（男演员），professor（教授）

2. -ess：表示"女性"

actress（女演员），poetess（女诗人），hostess（女主人）

3. -hood：表示"时期"

childhood（孩童时期），manhood（成年），boyhood（童年）

4. -ship：表示"才能，状态，资格，品质"等

leadership（领导），friendship（友情），membership（会员资格）

5. -ful：表示"量"

cupful（一杯的量）, handful（一把的量）, mouthful（一口的量）

6. -tion, -ion：①表示"状态，行动"等; ②表示"机构"等

organization（组织，机构）, foundation（基础）

7. -ment：表示"状态，行动"等

movement（运动）, pavement（人行道）

8. -al：表示"动作"

arrival（到达）, refusal（拒绝）

9. -ness;-ity(ty)：表示"状态，品质"

happiness（幸福）, kindness（仁慈）, activity（活动）

10. -ful：表示"充满，有……"

useful（有用的）, hopeful（有希望的）, helpful（有帮助的）, forgetful（健忘的）

11. -less：表示"没有"

hopeless（无望的）

12. -ly：表示"有……品质的"

friendly（友好的）

13. -y;-ish：表示"像……一般的"

foolish（愚蠢的）

14. -able (ible)：表示"能……的; 可以……的"

comfortable（舒适的）

15. -al：表示"有……属性的，……类型的"

personal（个人的）, musical（音乐的）

16. -ive：表示"有……属性的；有某种倾向的"

attractive（诱人的）, sensitive（体贴的）

17. -ward(s)：表示"表示方式或动作的方向"

backward(s)（向后）

课程智慧

——高中英语导学案

"学讲练纠" 课型导学案

导学案1：句型结构——主+谓+宾+定+状

学习目标

1. 学生能够判断和会分析最基本的5种英语句型结构（主谓、主谓宾、主系表、主谓宾+定语、主谓宾+定语+状语）。

2. 学生能够掌握和灵活运用"主谓宾+定语"和"主谓宾+定语+状语"两种句型结构中定语和状语成分。

自主学习

指出下列句子画线部分的成分（主语、谓语、宾语、定语、状语）

1. The teaching plan has been worked out.

2. China is a developing country.

3. The man is our English teacher.

4. The man speaking to her is our English teacher.

5. He leaves school at 2 o'clock.

6. I saw a bird in the classroom.

讲解

区分句子结构中的定语和状语。

定语：定语是用来修饰、限定、说明名词或代词的品质与特征的词或短语。常用形容词、代词、数词、介词短语、动词不定式、分词、定语从句等作为定语。定语分两种：单个形容词放在名词或代词前修饰时叫前置定语，短语放在名词或代词后修饰时叫后置定语。

状语：状语修饰动词、形容词、副词或整个句子，说明动作或状态特征，分为时间状语、地点状语、原因状语、条件状语等。

练习

判断下列句子中下划线部分是定语（前置定语/后置定语）还是状语。

1. America is a developed country. （　　　）

2. Light travels most quickly. （　　　）

3. Once you begin(　　　), you must continue.

4. Our monitor is always the first to enter the classroom. （　　　）

5. He who is making a model plane is my brother named Mawei. （　　　）

6. Classes begin at eight every day. （　　　）

纠错

用红笔纠错并分析错因，整理好笔记。

检测：请用基本句型翻译下列句子：

1. 会议将持续（last）两个小时。（主语+谓语）

_____.

2. 我妈妈给我讲了一个有趣的故事。(tell sb. sth(主语+谓语+宾语+定语）

_____.

3. 在过去的十年里，我的家乡已经发生了巨大的变化。（主语+谓语+宾语+状语）

_____.

4. 正在做饭的那个人是我的爸爸。(主语+谓语+宾语+定语）

_____.

导学案2：动词的时态（一般现在时、一般过去时、现在完成时）

学习目标

1. 明确三种时态的使用语境。（预习）

2. 根据所需语境正确判断所需时态并能正确表达。

自主学习

确定以下时态：（方法：1.找时态提示词；2.看语境和语意；3.发生了的事)

Eg. 天空是蓝色的。（一般现在时，判断依据：表示人或事物的特征状态）

The sky is blue.(be)

1.他小时候个子不高。（_____，判断依据：过去时态标志词：小时候）

He _____ (be) not tall when he _____(be)young. (他小时候)

2.地球绕着太阳转。（_____，判断依据：客观事实，普遍真理）

The earth _____ (go) around the sun.

3.他总是花大量时间训练打篮球。（_____，依据：

always/often 没有和过去时间同时出现)

He always ＿＿＿＿＿＿(spend) a lot of time in practicing basketball.

4.他以前总是花大量时间练习打篮球。（＿＿＿＿＿＿，依据：always/often和过去时间以前同时出现）

He always ＿＿＿＿＿＿(spend) a lot of time in practicing basketball.

5.他以前不太会打篮球，但他花了大量时间练习，现在他打得很好了。（时态：＿＿＿＿＿＿，＿＿＿＿＿＿，依据：过去时态标志词：以前，过去做的事对现在的影响，现在时态标志词：现在）

He ＿＿＿＿＿＿ (have) difficulty in playing basketball before. But he＿＿＿＿＿＿(spend)a lot of time practising so he ＿＿＿＿＿＿(play) it well now.

讲和练

1. 我想和我朋友在放学后打篮球。

＿＿＿＿＿＿＿＿＿＿＿＿＿＿＿＿＿＿＿＿＿＿＿＿＿＿.

2. 我昨天想和朋友放学后打篮球。

＿＿＿＿＿＿＿＿＿＿＿＿＿＿＿＿＿＿＿＿＿＿＿＿＿＿.

3. 他总是每天早早就完成他的作业。

＿＿＿＿＿＿＿＿＿＿＿＿＿＿＿＿＿＿＿＿＿＿＿＿＿＿.

4. 他早早地完成了他的作业。

＿＿＿＿＿＿＿＿＿＿＿＿＿＿＿＿＿＿＿＿＿＿＿＿＿＿.

5. 他完成了他的作业，我们现在可以去一起打篮球了。

＿＿＿＿＿＿＿＿＿＿＿＿＿＿＿＿＿＿＿＿＿＿＿＿＿＿.

纠错

1. Mrs. Green lived near the park of the city for forty years.

2. She clean all the rooms every day.

3. My handbag is lost three years ago.

4. But she refused and go home on foot.

5. As soon as she get home, the telephone rang.

6. Last morning, when she gets up, she felt terrible.

翻译

1. 他是我最好的朋友名叫李华。他是一个非常优秀的（outstanding）学生。

_____.

2. 他学习英语已经有10年了。

_____.

3. 他曾获（once）得了很多奖项。

_____.

4. 他以前总是在他有时间的时候帮我学习英语。

_____.

5. 我们每周末会一起去踢足球。

_____.

作业

翻译：我是李华，我以前很内向，虽然我很喜欢打篮球，但是我不擅长。现在我在一所新学校学习。我的同学们很友好。我最好的朋友总是会邀请我一起去打篮球。我练习了很长一段时间，现在我打得很好了。一周前，我们学校举办了一场篮球比赛。我参加了并且我们赢得了比赛。我很感谢我的同学们。他们真好！

_____

_____

_____

_____

_____ .

导学案3：英语重要句型

重点句型练习

1. 重点句型

（1）强调句的结构：(It is/was...+...)_____.

（2）是某人第一次做某事：（It is...+...that..)_____.

（It was...+...that... ）_____.

（3）状语从句的省略：while/when/if /even if/as if/unless/though等引导的状语从句中的_____和主句_____一致或从句主语为it，且从句谓语含有_____时，可以省略从句中的_____和_____。

2. 补全句子

根据句义和所给单词，补全句子。

（1）It was I _____ met him in the park this morning.今天早上正是我在公园里遇见的他。（强调：我）

（2）It was _____ that I met in the park this morning.今天早上我在公园里遇见的正是他。（强调：他）

（3）It was because she was ill _____she did not go to school.正是因为她生病了，她才没有去上学。（强调：因为她生病了）

（4）It was the second time that he _____ (cook) meal for his parents.

（5）It is the first time that Mr Smith _____(visit) China.

（6）I feel especially pleased while _____ (walk) in the spring rain.

（7）When _____ (eat) fish, you should first smell it.

（8）_____ _____，please ring me at home.如果有必要，可往我家里打电话。

提升练习和纠错

单句改错

（1）It was yesterday when she and I went to see him.

（2）I was very nervous because it was the first time that I have invited to such a formal meeting.

（3）I won't go to the party, even if inviting.

句式升级

直到信的结尾，她才提到她自己的计划。

(普通表达)She didn't mention her own plan until near the end of the letter.（简单句）

（高级表达）It was _____ that she mentioned her own plan.(对not until的强调句，强调时间状语)

人们在被要求做他们不想做的事情时会有压力感。

(普通表达)People may feel forced when they _____ _____ (ask) to do things that they don't want to.(when引导的时间状语从句)

(高级表达)People may feel forced when _____ to do things that they don't want to.（When+过去分词，省略从句的主语和be动词)

当堂检测

（1）这台机器如不修理就毫无用处。

_____ _____ _____ _____ the machine is of no use.(if not 的省略结构)

（2）我昨天是在操场上遇见她的。

It was _____ _____ _____ _____ I met her yesterday.

（3）这是我第一次看见大海。

It is the first time that I _____ _____ (see) the sea.

（4）我喜欢喝的是茶而不是咖啡。（强调句）

_____ _____ _____ not coffee _____ I like to drink.

（5）当被邀请到你的中国朋友家做客时，你最好按时到或者稍微早点儿到。

普通表达：While you _____ _____ to your Chinese friend's home, you'd better arrive on time or a little earlier.

高级表达：While _____ to your Chinese friend's home, you'd better arrive on time or a little earlier.

导学案4：非谓语动词

学习目标

1. 学生识记非谓语动词的一般式（to do、doing、done）以及一般式的被动和完成式结构（to be done、being done、having done、having been done）。

2. 学生能理解非谓语动词一般式、完成式、被动式结构的特点，并能在语境中灵活运用非谓语动词作定语、宾语（宾补）和状语。

自学部分：情境感悟

朗读下面短文，体会、领悟下划线部分的意义和用法。

Good afternoon, ladies and gentlemen. It is a great honor for me to introduce this English speech contest. As we all know, to master a foreign language is very important. Taking part in an English speech contest is a helpful way to learn English①. Everyone wants to show their best②. When they have been preparing for it, they can improve their listening and speaking ability, developing a good habit of learning English③.

In the process of the competition, you should pay attention to the rules made by us④. First, you should make your voice heard clearly by everyone⑤, so reading aloud is very necessary. Second, you should try your best to express yourself⑥ in English fluently. Finally, you should finish your speech in five minutes.

[非谓语动词用法体悟]

①处是不定式短语作 _____ 修饰way。

②处是不定式短语作 _____。

③处是现在分词短语作 _____。

④处是过去分词短语作 _____ 修饰rules。

⑤处是过去分词短语作 _____。

⑥处是不定式短语作 _____。

填空

1. The airport _____ (complete) next year will help promote tourism in this area.

2. Listen! The song _____ (play)is very popular with the students.

3. Linda is always the first student _____ (come)to the classroom and the last one _____ (leave) .琳达总是第一个进入和最后一个离开教室的学生。

4. _____ (use) for many years, the bike needs to be repaired.这辆自行车已经被使用了很多年了，它需要修理一下。

5. Anxiously, she _____ (take)the dress out of the package and _____ (try) it on, _____ (find) it didn't fit. 她从包装袋里焦急地拿出了裙子，穿上它，却发现裙子并不适合她。

6. China's National Highway 318,_____ (extend)over 5,000 kilometers from Shanghai to Xizang, is known as the "heavenly road" for its amazing views.

7. I told him how harmful plastic could be to the environment and asked him to consider _____ (use) more eco-friendly materials.

8. Listening to music at home is one thing, going to hear it ____ (perform)

live(现场)is quite another .

9. Paul doesn't have to be made _____ (study). He always works hard.
保罗不必被迫去学习，他总是努力学习。

改错：（1）He deserves reward. _____.

（2）The pen is easy to write. _____.

巩固练习

非谓语动词的句式训练。（拓展训练）

1.句式转化

（1）The teacher came into the classroom, _____ (follow) by some students.

（2）Some students came into the classroom, _____ (follow) their teacher.

2.句式对比

（1）I tried to make myself _____ (understand)by the students in the class.

（2）I tried to make the students _____ (understand) what I said in the class.

（3）With a lot of work _____ (do), he has to stay up tonight.

（4）With his homework _____ (finish), he went out to play.

3.句式升级

（1）Because she buried herself in the film, she didn't know it was snowing outside.

（2）_____ herself in the film, she didn't know it was snowing outside.(现在分词作状语)

（3）_____ in the film, she didn't know it was snowing outside.(过去分词充当形容词作状语)

1. 总结与归纳：

（1）to do 的被动式：_____

（2）doing 的被动式：_____

（3）doing 的完成式：_____

（4）doing的完成被动式：_____

表1

非谓语动词形式	特征(主动/被动、完成/进行/将来)
to do	
doing	
done	
being done	
having done	
having been done	

2. 观看课件视频，总结非谓语动词的做题思路：

（1）找 _____ 语

（2）判断逻辑主语和所给动词之间的 _____ 关系

（3）找 _____ 搭配

（4）比较 _____ 和 _____ 时间先后顺序

检测

汉译英

1. 当我走进教室时，我听到一个同学正在唱我最喜欢的歌。

When I came into the classroom , I heard my favorite song _____（sing）

by a student.

2. 老师让我们写很多作业。（make sb. do sth.的被动式）

We _____a lot of homework by our teachers.

3. 狗带着路，我们找到了他的家。

With the dog _____ (lead)the way , we found his home.

4. 这间车库需要粉刷。

The garage _____(paint).

改错

1. If you find something lose, work with the sales managers to get the information you need to complete the form.

2. Dannie raised her voice to make herself hear by her husband.

导学案5：非谓语——动名词和不定式作主语

学习目标

1. 在语法填空和改错题中，动词做主语需要动名词（doing）或不定式（to do）。

2. 掌握形式主语it，并了解和掌握以下结构：

It is no good/no use doing sth.

It is useless/fun/a waste of time doing sth.

It is a great pleasure/honour to do sth.

It is +*adj* (for)sb. to do sth.

There is no doing sth.

自主学习

1. 划出下列句子的主语

（1）Learning new words is very useful to me.

（2）It made me happy to find my key.

（3）It's no good talking.

（4）It's a waste of time arguing with him.

（5）Asking him for help is necessary.

（6）It's a great pleasure to talk with him.

（7）It is dangerous standing in the middle of the street.

（8）Is it necessary for us to invite Mary to tomorrow's party?

总结：作主语的是 _____ 和 _____ 形式。It 为 _____ 主语，真正的主语为 _____ 和 _____。

2. 完成下列表格

表1

动名词	主动语态	被动语态
一般式	doing	

表2

不定式	主动语态	被动语态
一般式		

动名词和不定式作主语的用法

观看视频课，并做好笔记。

Notes：_____

_____

_____

_____.

巩固练习

1. _____ (learn) to think critically is an important skill.

主语_____ 形式_____ 考点_____

It's important for the figures _____（update）regularly.

主语_____ 形式主语_____ 形式_____ 考点_____

2. It is no use _____ (cry) over spilt milk.

真正的主语 _____ 形式主语 _____ 形式 _____ 考点

_____

3. It's a great honour _____ (elect) a delegate(代表) to the twentieth Congress of the Communist Party of China.

真正的主语 _____ 形式主语 _____ 形式 _____ 考点

_____

4. _____ (know) basic first-aid techniques will help you respond quickly to emergencies.

主语 _____ 形式 _____ 考点 _____

5. It takes them hundreds of years _____(break) down.

真正的主语 _____ 形式主语 _____ 形式 _____ 考点

_____

6.There is no _____ (know) what the weather will be like.

主语 _____ 形式 _____ 考点 _____

7. _____ (ignore) the difference between the two research findings will be one of the worst mistakes you make.

主语 _____ 形式 _____ 考点 _____

8. He lived near my house, so it was convenient for us to meeting every day.（改错）

真正的主语 _____ 形式主语 _____ 考点 _____

当堂检测

1. 默写结构和重点固定搭配

（1）动名词的一般式 _____ 被动形式 _____

（2）不定式的一般式 _____ 被动形式 _____

（3）做某事没有用 _____

（4）做某事不好 _____

（5）做某事是浪费时间的 _____

（6）对于某人做某事是……样的 _____

（7）某人花费时间做某事 _____

2. 用所给单词的适当形式填空

（1）It's a waste of time _____ (argue) with him.

（2）_____ (catch) in a heavy traffic jam is quite an unpleasant experience.

（3）_____ (study) computer is an important qualification.

（4）It's an honour for me _____ (invite) to the party.

（5）It is possible _____ (walk) or bike the entire 14 kilometers.

（6）No matter how bright a talker you are, there are times when it's better _____ (remain) silent.

导学案6：必修一 Unit 4 Natural Disasters

单元分析

本单元话题是自然灾害，属于人与自然的主题语境，涉及自然灾害的报道、自然灾害的描述与自然灾害的防范。自然灾害具有一定的预知性，自然灾害的预防比灾后救援更重要。掌握安全常识与自我保护是掌握本单元的内在要求。

语篇理解

1. 速读文章并完成下列题目（自学）

（1）The main idea of the passage is about ＿＿＿＿＿＿＿＿＿＿＿.

（2）Find out the main idea of each paragraph.

① Para. 1　A. The earthquake caused unbelievable destruction to Tangshan.

② Para. 2　B. The earthquake happened and caused deaths or injuries in Tangshan.

③ Para. 3　C. Help came soon after the quakes.

④ Para. 4　D. Strange things happened, but no one paid attention to them.

⑤ Para. 5　E. Tangshan came back to life again.

2. 细读文章并选出最佳答案(讲解、练习)

（1）All the following unusual things happened before the quake EXCEPT that _____ .

A. the water in the village wells rose and fell

B. the chickens and even the pigs were too nervous to eat

C. tens of thousands of cows would never give milk again

D. fish jumped out of the water

（2）Before the earthquake, people were asleep as usual because_____ .

A. they didn't notice anything strange happening

B. they knew well about earthquakes

C. something strange happened in many places

D. they didn't realize the arrival of an earthquake

（3）The second and third paragraphs are mainly about _____ .

A. the great loss the earthquake brought to Tangshan

B. the number of people who were killed or injured

C. when and where the earthquake happened

D. the cause of the big earthquake in Tangshan

（4）What does the sentence "Slowly, the city began to breathe again" mean?

A. People who were trapped came to life.

B. The trees turned green.

C. The animals began to breathe.

D. The city returned to normal gradually.

3. 分析并翻译句子（拓展训练）

（1）Eleven kilometers directly below the city, one of the most deadly earthquakes of the 20th century had begun, a quake that even caused damage more than 150 kilometers away, in Beijing.

[句式分析] "one of the most deadly earthquakes of the 20th century had begun" 是句子主干；"a quake that even caused damage more than 150 kilometers away in Beijing"作"one of the... earthquakes"的_____语，其中包含了that引导的_____，用来修饰a quake。

[自主翻译]_____

（2）Soon after the quakes, the army sent 150,000 soldiers to Tangshan to dig out those who were trapped and to bury the dead.

[句式分析]主干句为"the army sent 150,000 soldiers to Tangshan"；动词不定式短语"to dig out those who were trapped and to bury the dead"作_____，其中"who were trapped"为_____。

[自主翻译]_____

（3）Tangshan city has proved to China and the rest of the world that in times of disaster, people must unify and show the wisdom to stay positive and rebuild for a brighter future.

[句式分析]"Tangshan city has proved to China and the rest of the world"是本句的主干成分；"that in times of disaster... for a brighter future"是_____引导的_____。

[自主翻译]_____

语法填空

Strange things happened before Tangshan earthquake happened. The well walls had deep cracks. Some 1._____(smell) gas came out of them. Chickens and even pigs were too nervous to eat. At 3：42 2._____ the morning of July 28,1976, everything began to shake. 3._____ seemed as if the world were coming to an end! A huge crack cut across houses, roads, and waterways. Hard hills of rock became rivers of _____(dirty). Soon the whole city lay in 5._____(ruin). Many people died or were 6._____(injure). Everything in the city was destroyed. People were 7._____(shock) at this and wondered how long the disaster would last.

The army sent soldiers to dig out those _____ were trapped and to bury the dead. Workers built shelters for 9. _____ (survive). Water and food were taken to the city. Slowly the city began to 10. _____ (breath). Tangshan city has proved that in times of disaster, people must unify and show the wisdom to stay positive and rebuild for a brighter future.

"六个一"复习备考课型导学案

导学案1：名词性从句引导词that/what 易错考点专练

学习目标

1. 学生通过快速阅读整篇文章，说出段落大意，培养学生对整篇文章的理解和概括能力。

2. 让学生分别快读和细读整个语篇，通过在语境中通过分析名词性从句的类型和句子成分，掌握名词性从句引导词that和what的用法。

3. 掌握名词性从句的常用句型结构。

一测一展

1. 阅读短文，请说出短文的段落大意。（Read the passage quickly and tell the main idea of it.）

2. 细读文章并填空。（Read again and fill in the blanks correctly.）

Yesterday we went camping at the foot of the mountain. ①_____ impressed us most was the beauty of the high mountain. There were a great many tourists visiting the mountain. There was no doubt ②_____ they were attracted by the beauty of the mountain as well. During the camp, we found some waste thrown away by the tourists. ③_____we were concerned about was whether the tourist spot（旅游景点） could be well reserved. We came up with an idea ④_____we called for the tourists to pay attention to protecting the environment and ⑤_____they should put away the waste. That's ⑥_____we did to protect the environment. Some of the tourists agreed ⑦_____it was important to protect the environment. Whether we can live in harmony with nature depends on whether we take action to reduce the pollution.

一讲一纠

学生讲解、纠错，老师补充和总结（选择性、特意性）。

巩固练习

1. My grandparents provide me with many tasty snacks . Meanwhile, I talked with my grandparents about my study and _____ I have seen and heard.

2. Along with the letter was his promise _____ he would visit me this coming Christmas.

3. _____ surprised us is _____ he did it alone.

4. After I entered senior high school, I had to face a lot of pressure, so my mother suggested what I try swimming to relieve it .（改错）

5. I'm counting on(指望着) it what you will come.（改错）

总结：名词性从句相关句型

What...is/was that...

There is no doubt that...

That's what we did/saw/learned...

...count it on that...

一考一阅

1. 快速阅读文章，说出文章大意。（What's the main idea of this passage？）

_____.

2. 再次阅读文章，完成填空。（Read again and fill in the blanks.）

① _____ worried my classmate, Mary, was② _____ she put on too much weight and was frequently ill. Also, with the College Entrance Examination（高考）approaching, she became more stressful and she couldn't sleep well. Maybe this also led to the case（情况、情形）③ _____ she became fatter, she thought. How could she become slimmer and healthier? Her parents gave a suggestion④ _____ she should consult Professor Wang in ZhongShan Hospital. Professor Wang suggested ⑤ _____ she keep a balanced diet first.

导学案2：语法填空解题技巧

一测一展

Seventy-five days after returning to the ground, the Shenzhou-14（神舟十四号）crew members met the press on Friday. "They are __1__ good physical and mental shape," said health experts at the press conference, __2__ (add) that they have now moved into the recovery observation stage and will be able to return to normal soon.

The recovery of normal body function for the taikonauts(中国航天员）after they returned from space __3__ (consist) of three stages——quarantine(隔离), convalescence(疗养) and observation——according to health experts speaking at the press conference on Friday February 17th.

The Shenzhou-14 crew has completed the first two stages, showing a stable __4__ (emotion) status and good mental condition, and their body weight has stabilized at pre-flight level. The muscle __5__ (strong), endurance(耐力) and cardiorespiratory(心肺的) reserves have been further restored, achieving __6__ expected results.

__7__ is reported, they have now moved into the __8__ (three) stage of recovery observation. After that , the three taikonauts will be able to return to normal training and work. After concluding their six-month stay at the China Space Station and __9__ (complete) the first direct handover(移交) in orbit in the country's history, Chen Dong, Liu Yang and Cai Xuzhe, the three taikonauts of the Shenzhou-14 __10__ (safe) returned to Earth on December 4, 2022.

一讲一纠(小试牛刀)

1. ...I noticed that I had just 10 minutes left _____ (complete) the rest!

2. To help improve students' reading and writing skills, we will organize the English composition contest, _____ theme is "Colorful Campus Life."

3. _____ was so breathtaking about the experience was the out-of-this-world scenes.

4. _____ is said in the ancient book is that on Autumn Equinox day the Yin and Yang are in a balanced power. Thus the day and night are _____equal length, as are the cold and hot weather.

5. The crew is the third group of visitors to the Chinese station, one of the _____ (large) pieces of infrastructure mankind has ever deployed in Earth's orbit.

6. During their six-month journey, they monitored the _____ (arrive) of the Wentian and Mengtian space lab modules, _____ completed the Tiangong's in-orbit assembly(组装). They also carried out three spacewalks and delivered a science lecture to Chinese students.

7. A reentry capsule _____ (carry) the crew — Chen Dong, Liu Yang and Cai Xuzhe — touched down on Earth at the Dongfeng Landing Site in northwestern China's Gobi Desert at 8：09 pm , 2022 after _____ (fly) nine hours in a re-entry trajectory (轨道).

一练一阅

Start of Spring

The traditional Chinese lunar calendar divides the year into 24 solar terms.

Start of spring, the first solar term in the lunar calendar, begins on Feb. 4 this year.

Spring is a season of growth, ___1___ (surround) by birds' twitters and fragrance of flowers. The daytime is becoming longer and the weather is becoming ___2___ (warm). Start of spring is a good season for flying kites. People used ___3___ (fly) kites to send away the evil spirits in ancient China. Now, the act is part of expressing hopes ___4___ the coming new year.

In China, it is ___5___ interesting activity to try to stand eggs upright on the first day of "Start of Spring". This is ___6___ (particular) difficult on a hard, flat surface like a table! According to the Chinese folk culture, ___7___ you can make an egg stand up on the first day of "Start of Spring", then you will have good luck in the new year.

Part of Shaanxi province have the custom of wearing jade accessories shaped like swallows(燕子) on start of spring. The custom ___8___ (date) back to the Tang Dynasty. In China, swallows are symbols of ___9___ (happy) and fortune. Folk custom calls for a "spring plate" on start of springs. This custom ___10___ (mean) for appreciating the arrival of spring through taking a bite of it, most often radish(萝卜), lettuce or spring rolls.

课后作业

模拟命题：根据如下规则，完成对应命题，然后男女生之间互换考查。（建议3个动词，1个介词和1个连词，1个代词，1个形容词和1个冠词）

One morning, I was waiting at the bus stop, worried about being late for school. There were many people waiting at the bus stop, and some of them looked very anxious and disappointed. When the bus finally came, we all hurried on board. I got a place next to the window, so I had a good view of the sidewalk. A boy on a bike caught my attention. He was riding beside the bus and waving his arms. I heard a passenger behind me shouting to the driver, but he refused to stop until we reached the next stop. Still, the boy kept riding.

纠错笔记：

_____

_____

_____

_____

_____ .

成长智慧

——赴澳研修学习

访学汇报

　　在2018年的3月20日至7月15日我有幸通过了宁夏教育厅的面试和北京语言大学的笔试，成为西部连片贫困地区英语教师研修项目的一员，在北京语言大学（北语）和澳大利亚昆士兰科技大学进行了为期四个月的研修学习。现在我将向各位领导和老师汇报这四个月的所见、所学、所思、所做、所感。有不当之处请各位领导和老师批评指正！

　　千里之行，始于足下。为了适应昆士兰科技大学的学习与生活，访学之前，我在北语学习了一个月。120个学时的集中培训为我打下了坚实的基础，凝结了北语老师们辛勤的汗水，寄托着他们殷切的期望。

　　在北语老师们的指导下，我和同伴们取得了长足的进步，得到北语老师们的示范引领使我们明白了这次学习的目的，学什么，怎么学，他们鼓励我们在访学期间要与当地人多交流、多聆听、多观察当地各种有声和无声的语言表达。北语老师对我们进行多角度，多层次的培训，分别从学习教学法、提升语言能力、熟悉当地人的礼仪、讲文明用语、与房东相处的技巧、点餐、通关、就医买药、看新闻、读报纸、辨方言、问路，等等，预设了很多场景加以模拟练习，从大处着眼小处着手，提高我们各方面的能力，增强老师们外出交流的信心。到了澳大利亚后无论是第一次过海关，还是第一次与房东交流，第一次坐公交车，第一次购物，上第一节课等等，老师们都能沉着应对。这些都得益于北语的培训和课程安排与昆士兰科技大学接轨。

临行前学校安排了一次到北京101中学访问的活动，本次活动对于我的触动很大。百尺竿头更进一步的精神，不进则退，小进也退的鞭策。学校的双重担当，"为国事担当，为教育担当"的使命，这些育人理念深深扎根于我的大脑。听了一节课，从这堂课我看到了老师的素养，学生的素质。从景仰变成动力，也为出国访学，参观当地学校做好了准备。

在澳大利亚学习期间，我和同伴们认真学习先进的教学理念，教学方法，感受当地的文化生活，努力提高语言表达能力。我们上课认真聆听，组织学员撰写教学日志、及时总结教学法，开展论坛交流，上好微课，多与当地人交流，利用空闲时间阅览图书，收集和下载资料。我们希望将来把这些先进的教学理念和教学方法像种子一样播撒在我们宁夏各个学校，让它们生根发芽。

在这三个月的时间里，昆士兰科技大学教师先从了解澳大利亚入手，然后分别教授我们标准的语音、听力技巧、阅读方法、写作技巧、词汇教学、示范展示等，方法多样，理念新颖。

一、语言能力提升

在本次培训中，收获丰硕。首先是自身的英语语言综合应用能力得到了很大的提升。为期一个月的北语学习，从最初的不开口说英语到后来的见到任何事物都会思考，用英语怎么去表达。北语阶段的学习为出国访学奠定了坚实的基础。在国外培训的三个月里，听说能力大幅提高。在浸入式的环境中学习生活了三个月，能听懂教授们的授课内容；习惯了把英语作为交流工具；在每天的生活、学习中积累了很多词汇，学会了很多在真实语境中地道的表达方式。

二、教学方法革新

此次培训使得我们的英语教学理论知识体系更加完备了。提升了教学技能，比如教学活动设计方法；学会了设计不同的课型；学会了利用各种教学资源，如歌曲，视频，网站资源等；学会了怎样合理使用教材、整合教学内容。

三、团队成果丰硕

在此次培训中，我们班共完成了93 294字的教学法总结；279 591字的海外见闻；127 509字的分组值日；35节精品课，12期周记，12期学员论坛。

曾经感恩在我们的心中只是一个词语，可是此次的出国培训，感恩升华为一种最浓烈的家国情怀。感谢我们的祖国繁荣昌盛，只有祖国强大了，我们才能有机会走出去；感谢国家留学基金委给我们这次宝贵的出国培训机会，为我们搭建了开阔眼界、提升素养的平台；更要感谢校领导对我们的栽培以及同仁们为我们分担繁重的教学任务，谢谢你们！我也会在今后的教学工作中充分利用此次培训所学到的知识，和各位同仁共同努力提高我校的英语教学水平。

成长点滴

在澳大利亚学习期间，笔者撰写了每日值日报告，现节选如下。

2018年4月23日值日报告

授课教师

Sue

授课内容及时间

Language and Culture：Aboriginal Australia　　　　9：00—11：00

Language Skills：　Vocabulary　　　　11：00—12：30

今天是4月23日，也是Sue给我们上的第二节课，主要涉及的是language and culture：aboriginal Australia和language skills：vocabulary。首先老师简单地介绍了澳大利亚土著人和他们的历史，然后为了提高我们的阅读能力和合作能力，老师从澳大利亚的历史、语言、地名、人口、健康、艺术、音乐舞蹈等八个方面进行了系统分类，设置了13个相关问题。信息量很大，难度系数非常高，若是仅凭个人独立完成，难度可想而知。可是老师采取了巧妙的办法：她把我们分成六组，每组轮流解决一个问题，很快我们轻松地找出了13个问题的答案。分解任务，又增加了任务的趣味性，大家能够愉快合作，最终可以高效地解决问题。重新再看PPT，我们已经熟悉材料，之前的难题迎刃而解，大家都乐在其中。更让人觉得有趣的是澳大利亚土著人用不同的符号代表不同的东西。老师用英语讲一个小故事，让我们用符号表达出故事情节。大家兴致勃勃，努力作画，而后欣赏自己的杰作，在欢声笑语中结束了第一节课，收获满满。（图1）

图1

　　第二节课，老师从日常交往和课堂积累两方面进行了词汇教学。每个人把日常交往中所学到的单词写在一张小纸条上，然后告诉不同的人在哪里学到的、怎么学到的、什么意思、怎么用，再把此单词放在具体的语境里，造一个漂亮的句子。（图2）任务完成后，每个人都把自己的纸条贴在一张海报上，挂在墙上，供我们随时查看，加深记忆。课堂上学到的新单词各有不同，老师让每组挑出三个写在黑板上。很快，黑板上就有十八个新单词。她又挑出六个最常用的，每组选定一个单词，制作出单词卡。她又教我们如何扩充、识记。这样，经过日积月累，最终聚沙成塔。最后，老师用图表的形式列举了词汇教学的各个方面，让我们茅塞顿开，受益匪浅，不会再对词汇教学束手无策。

图2

　　下午，我们参观了图书馆。图书管理员Gillian与Rebecca耐心地给我们讲解了网上学习、借书、还书等一系列程序。（图3）置身其中，各种各样的图书应尽应有，无论是世人瞩目的名著还是富有哲理的中外书籍，你可以自由选择，尽情地阅读。在满室的书香中，享受心灵的洗涤。这里，没有喧嚣，只有轻轻的翻书声。只要你来到这里，就会有意想不到的收获。

图3

2018年4月24日值日报告

授课教师

Heidi

授课内容及时间

Basic Information on Australia　　　9：00—11：00

Anzac Day　　　　　　　　　　　11：00—12：30

晴空万里，纤云不染，我们也迎来了新的一天。伴随着"Hello，hello"声，Heidi进入教室。说完让大家再享受两分钟的自由之后转身就走了。弄得我们一头雾水，莫不是我们不知不觉中惹老师不高兴了？没等大家想清楚，Heidi又出现在我们面前，这时的她，完全是一副全新的模样，身穿红黄相间的衣服，上衣上写着大大的英语字母"surf rescue"，原来她是一名周末在海滩救援的志愿者。（图4）澳大利亚人爱海滩，游客更爱，但有些游客是不会游泳的。她的工作就是寻找脸上写着"不会游泳"的游客，并在紧急情况为游客提供帮助。说到寻找，她做出了类似孙悟空的招牌动作，引得大家一阵笑声。即使这样，她还说自己是一个害羞的人。Heidi鼓励大家去犯错误，并告诉我们没有错误就没有进步。

图4

Heidi教过高中，并且在中国香港工作过6年，因此她深知中国国情。在她的课堂，我们学到了既能提高成绩又使学生感兴趣的教学方法。

Activity 1

1.Heidi将全班同学分成六组，并明确课堂规则。

（1）禁止使用手机；

（2）不能看别人成果。

2.给每个小组一张纸，并要求我们利用五分钟时间画出澳大利亚地图。

反思：老师需要给予学生明确的规则，明确的指令，与此同时老师需仔细观察，学生已知哪些信息，或者哪些是错误的信息，为后面的活动做铺垫。

3.向邻组展示本组的成果。每小组出一个代表，向其他小组成员介绍自己所绘的地图。（图5）

反思：学生能自由地讨论自己的见解（不用担心有没有语法错误、句子是不是完整），老师会很惊讶地发现学生知道的其实很多。

图5

Activity 2

Heidi让每组取一个有创意的组名，我们六组的组名分别是：Eagles，Dingoes，Pandalar，2S，Uluru，Sunny trip。Heidi将各组名称写在黑板上，准备记录得分，然后提问了15道有关澳大利亚的问题，以比赛的方式使我们了解澳大利亚的基本信息。这样的设计既有知识性又有趣味性。学生自己画的地图完美不完美并不重要，重要的是整体参与，不同层次的学生都能学到自己需要的知识。这个活动可以应用于人教版高中教材的UK、Canada等单元教学中。

Activity 3：Target reading on Anzac Day(澳纽军团日)

此活动是通过阅读文章和观看视频了解澳大利亚最重要的国家节日Anzac Day。首先Heidi列出文章中会出现的难词，让我们分组学习不同的词，并用自己的语言简练地解释词义，然后与全班分享，这样做既节省时间，又能让我们学到所有词汇。接着安排我们阅读了关于Anzac Day的一篇文章，并为我们播放了一段视频剪辑，观看的同时完成一项听力小测试。

最后Heidi为我们介绍了Anzac Day 的历史、庆祝方式并组织大家玩了一个名为2 UP的游戏。整节课轻松自在，内容充实，真是乐中学，学中乐。

2018年4月26日值日报告

授课教师

Sue

授课内容及时间

Introduction to Project	9：00—11：00
Project Preparation 1	11：00—12：30
Your Language Skills：Grammar	13：30—15：00

上午Sue老师给我们布置了一个作业，要求我们两人一组协作完成一个Project，并且每个人都要做出口头的展示。Sue介绍了本次活动的目的：就澳大利亚生活的一个方面进行研究、练习英语口语、提高自己的课题展示水平并且可以准备一份材料以便回国给同事或学生做报告。然

后Sue向我们详细介绍了做Project展示的方法。（图6）首先将全班同学分成两个人一组，要求每组每人做一个5分钟的口头展示，展示内容既可以和听众互动也可以是严格的讲座，可以用幻灯片但不能一味照读，幻灯片上尽量少用文字。然后每组选定一个话题，每位同学就本人选定的话题做出展示，做出的展示可以收到老师和其他同学的反馈评价。最后，Sue为我们安排了完成小课题展示的时间。今天用两节课的时间在网络上查找资料、大量阅读并获取相关信息、准备语言和结构，Sue 随时为大家解答有关问题；下次的两节课准备展出并听取老师建议；总共五个阶段/7.5 小时进行课下独立准备。Sue 还教给我们如何利用网络、学校图书馆搜索所需资料，并建议我们要和当地人多交流以获取更多信息。（图7）

图6

图7

话题列举

1. Australia has a lot of natural beauty. Choose a place like lake , mountain range, desert or similar and describe its features. Is it significant historically? Is it a tourist attraction? What can people do there? 澳大利亚有好多自然景观，选一个地方如湖、山脉、沙漠等描述它的特征。

2. Learn how to make an Australia dish, desert or cake. Photograph the process and put together a recipe——a set of directions and ingredients. Bring the finished production to your presentation to share with your class.学习怎样做一道澳式菜，甜点或蛋糕。把制作过程和食材拍下来并将做好的美食和同学分享。

3. Find out a famous Australian from the past or present. Why are they famous? Ask some Australians what they know about them. Do they think they are important? 了解一位过去或当代的澳大利亚名人，询问澳大利亚当地人对他的看法。

4. What are some famous/important events in Australian history? Provide some background information for those events. 澳大利亚历史上有什么重要事件？并提供一些相关的背景信息。

5. Find out about famous Australian movies and watch one. Review it. Why do you think it is so famous/popular?了解一些著名的澳大利亚电影，观看其中一部并写评论。

6. Australia is a sporting nation. Find about history and rules of AFL。澳大利亚是一个爱运动的国家，了解澳式橄榄球的历史和比赛规则。

7. Australia has a long tradition of volunteering. Find out about a charity or volunteering organization in Australia, what they do and why. 澳大利亚的志愿者活动历史久远，了解一个慈善机构或志愿者组织，调查他们的活动和相关目的。

8. Australia has many unique animals. What makes them unique?澳大利

亚有好多独一无二的动物，是什么让他们独一无二？

9. Australia has many famous animals but it also has distinctive plant life. Find out about some plants and their significance such as gum trees, jacaranda. 澳大利亚有许多众所周知的动物，也拥有独一无二的植物，调查研究一些这样的植物，比如桉树，蓝花楹等。

10. Australians have invented a lot of interesting items in the last 100 years. Find out about some of them. 过去的一百年里澳大利亚人有很多有趣的发明，调查研究其中几个。

11. Find out about some of the people on Australian bank notes. 调查了解几个出现在澳大利亚钱币上的人物。

12. Some people would like to change the Australian flag. Why is this an issue? Several website feature people's suggested new designs. These range from the artistic to the political, from narrative to the abstract, from the traditional to the outrageous. Choose a selection of your favourites and discuss them. Present your submission if you like. 一些人想要改变澳大利亚的国旗。为什么会有这么一个问题？有一些网站上提供了一些新的设计。这些设计有的体现艺术，有的体现政治，有的具体有的抽象，有的传统有的新奇。选择一个你最喜欢的并讨论。

13. The beach is an important part of life for many Australians. Find out about Surf life saving. 沙滩是好多澳大利亚人生活的一部分。调查了解冲浪救生。

14. Some Australians live in very remote areas. Find out about the Royal Flying Doctor Service. 一些澳大利亚人住在很偏远的地区，调查了解皇家医生飞行服务。

15. On Australia Day every year, awards are given to "Australian of the Year", "Young Australian of the Year", "Senior Australian of the Year" and "Australia's Local Hero". Find out about the winners and finalists in

2017. 在澳大利亚国庆节人民会颁发澳大利亚年度人物、年度澳大利亚杰出少年、年度澳大利亚杰出青年、澳大利亚本土英雄，调查了解2017年的获奖者和入围者。

16. Australia is a big land mass and many students do not live near schools. While many country students attend boarding schools, many do not. Instead, they are educated through the School of Air. Research the School of Air and describe the history of the type of school. 澳大利亚地域辽阔，许多学生住的离学校比较远。一些乡下的学生寄宿，一些学校则没有。他们通过远程学校接受教育。调查研究远程学校讲述此类学校的历史。

17. The Gold Coast has just played host to the Commonwealth Games. Research what the purpose of these Games is, who is involved, what is involved. 不久前在黄金海岸举办了英联邦运动会，调查了解这个活动的目的，都有谁参加了，以及比赛项目等等。

教学法课

下午的教学法课上，Sue让我们设计了一个名为"Grammar Gambling"的教学活动。她先把我们分成5组，每组7个人，然后给每组发了一张含有7个病句的语法改错练习题，要求小组合作讨论，写出正确的句子，并让我们依靠对自己的答案的自信程度押上$10，$20或者$30的"赌注"，每组安排一个会计计算对方小组的最后金额。在Sue的指令下，每个小组开始了激烈的竞争，大家不但关心对方组的金额，更关心每道题错在哪里，怎样改才正确，还有没有其他的词可替换，课堂气氛热烈，大家参与的积极性都特别高。Grammar Gambling游戏能让学生产生浓厚的兴趣、树立学习语法的自信，通过小组合作，调动所有学生参与，最后完成教学目标。此活动设计，充分体现了Sue开学第一课为我们介绍的课堂活动设计原则：要有明确的目的、要适合各个层次的学生、老师课前要做充分的准备以及如何调动所有学生积极参与活动。（图8）

图8

第二个语法教学活动，Sue首先在PPT上呈现了一篇只有一些关键词的小短文，要求我们给小短文添加适当的语法，使其连贯成一篇故事。可以改变词的时态、添加冠词或介词、添加标点符号，但不能改变词的顺序、不能添加任何新的单词。要求我们10分钟内完成，最后Sue在PPT上为我们呈现了正确的文章，并做了细致地讲解。正如Sue老师所说"The students don't have a problem with key words，but they don't look at small words"。老师在语法教学中要巧妙设计活动，训练学生对语法细节问题的掌握技能。

2018年4月27日值日报告

授课内容，教师及时间

Your Language Skills：Listening 1　Heidi　　9：00—10：30

Your Language Skills：Listening 2　Sue　　　11：00—12：30

LISTENING 1

今天Heidi老师给我们上第一节听力课。她一走进教室，活力四射的她，很快就带我们走进了她的课堂里面。她问我们是否在假日看了澳纽军团日的仪式和游行。我们说我们早晨三点钟起床，观看了节日纪念仪式和游行。她的引入，让我们更进一步地了解了这个节日的重要性。接下来，她布置了今天的学习任务，观看一部电影*The Stolen Generation*。她首先发给我们一张词汇活动表，让大家给八个生词找出对应的解释。此题不难，我们很快找到了答案，然后她让我们讨论为什么要设计这样的练习，优点在哪里，缺点在哪里，讨论的目的在哪里。之后她向我们介绍了与背景相关的知识。最后让我们读一篇有关该电影旳背景文章，要求我们在读完文章之后划出不认识的单词，再进行讨论，猜猜它们的意思，并说出这样做的目的。同时要求大家把这个猜测的方式方法和依据的线索进行组内交流分享，在讨论中互相学习，得出该词的意思，从而培养学生的猜词技能。（图9）

图9

接着看视频。首先，Heidi在白板上列出了视频中涉及的角色，并将角色分配到不同的组，这样分工，小组目标明确，不至于手忙脚乱，可以说，分工明确，任务清楚，化难为简。每个人目标明确，自然很难浑水摸鱼了。看完视频后，老师再次分发学案，让我们独立完成几个小题，包括听力填空和听力改错。在这个过程中，老师全程指导，总是适时地暂停，化整为零，降低听力材料的难度，并且指导我们注意辨别方言，并逐步深入地引导我们更准、更深、更精地把握视频内容。或许是Heidi老师的声情并茂，深情解说，全班的学员专注而投入地观看视频，当然，听过三遍之后大家基本上都能按要求完成任务。这种方式效果好，学生听得更清楚，目的性和针对性都强，所以这种方法值得学习。这节课的最后，老师不忘追加更深层的问题，这个视频的重大意义是什么？这个故事将向什么方向发展下去？你怎么看？可以说，老师授课一环套一环，由简入难，学与教的角度同时把握，非常用心的授课，让我们受益颇多。

LISTENING 2

优雅知性的Sue老师继续为我们上第二节听力教学示范。（图10）这节课的听力内容旨在学习在澳大利亚用英语拨打紧急电话时，如何和对方用英语进行清楚有效的沟通。为此，老师对我们进行了听力强化训练。首先她通过展示一些图片介绍了印度的一个五彩缤纷的节日——战车节(Festival of Chariots)。然后进入正题，通过十个环节，完成了一个半小时的课程，具体步骤如下：

第一，老师在幻灯片上展示了不同车辆的图片，比如警车、急救车、消防车等，导出了今天的话题"Emergency"。

第二，详细阐释今天的教学目的。

To give practice in listening to an emergency call in an Australian context (gist,detail and specific information).

To practice making an emergency call.

To clarify and give oral practice of expressions for asking for repetition and clarification.

To raise awareness of linking and elision to enhance listening skills.

第三，介绍听力的背景。

第四，分发听力练习材料，听录音完成一个问和答的练习：

a.What is the emergency situation?

b.How does the man help the girl?

c.What happens to her daughter in the end?

学生先给出答案，然后老师进一步解释说明。

第五，继续听录音，记录有用信息，根据所听内容给信息标号。在听音前，老师反复强调一些重要单词，比如conscious、suburb、cross street、landmarks等，并且画图释义，加深巩固学生对新词的理解，然后听音并检查答案。

第六，再次听录音，通过写出正确的单词，补充完成六个句子，这是最为精彩的部分。在听之前，老师先让学生预测What could be possible words?同学们踊跃发言，列出有可能的单词，然后听录音检查正确答案。预测对的，会有满满的成就感；预则错的加深巩固理解，比如put和pop, move和remove。在听的同时培养了学生的阅读及思考能力。

第七，在紧急服务语境里会使用一些简短的问题形式而且会遗漏一些单词，我们的任务是加入被遗漏的单词并且写出完整的句子。在这个过程中，老师强调了语音语调的变化。

第八，关于ask for repetition及ask for clarification的练习，老师是通过图表及举例的方式展开的。值得一提的是，在这个环节，老师增加了单词重音、连读及句子升降调的练习，进一步从语音方面培养听力技巧，这也是我们中学教师教学过程中遇到的一大难题。

第九，听录音，以填空的方式完成对话练习，其实是以灵活的方式给学生呈现了今天的听力材料，完美收工！

第十，鼓励学生与搭档完成一个officer与caller的对话，这一部分是学以致用，用今天所学的内容，做了角色扮演的练习，是对这节听力课的升华！

反思：Sue老师的这节课精彩绝伦，教学目标明确，教学步骤环环紧扣，操作性极强。在训练听的同时，老师能兼顾说、读和写的训练，让听力课不仅仅是听材料、写答案，而是各种能力的一种综合练习，并且教学环节清晰，环环相扣，取得了很好的教学效果，值得借鉴。

图10

2018年5月1日值日报告

授课教师

Sue

授课内容及时间

TESOL Methodology：Features of Pronunciation 1　　9：00—11：00

TESOL Methodology：Features of Pronunciation 2　　11：00—12：30

PROJECT：Exploring Brisbane　　　　　　　　　　13：30—15：00

今天是五月一日，星期二。 Sue 为我们上了两节语音课和一节文化探索课。

Period 1

她先使用简图的形式对语音的概念做了介绍，让大家对于语音系统有所了解。接着，她重点阐述了以下关于语音的知识点：

1. Stress

她用简单的例子为我们展示了重音不同，相同句子表达的意思不同。比如：

I love you. It means I, not anybody else, love you.

I love you. It means I don't hate you.

I love you. It means I love you but not nobody or nothing else.

这几个句子中，相同的单词因意思不同，读音轻重也不同。

2. Connected speech

linking	例如：It's an emergency.
elision	例如：I didn't get that.
intrusion	例如：Go ahead. Boy and girl.
assimilation	例如：Great port. Would you?
contractions	例如：It's He's

将上述知识点进行了铺垫之后，她带领我们读语音，教我们如何辨别相近语音的细微差别并且为我们总结各种发音技巧。（图11）Sue 用肢体动作，生动的表情以及各种拟物与比喻将原本枯燥乏味的语音课变得十分轻松有趣。跟着一位以英语为母语的老师学习语音真的非常有效率，以至于后来拼读她为我们提供的nonsense words时，正确率很高，得到了她的夸奖，大家都很有成就感。

图11

Period 2

这节课是练习课，以小组活动的形式，主要针对一些有区分难度的元音和双元音展开。

Sue将我们分成两人一组做pair work。两人轮流做听写句子的练习。

完成听写后，从句子中找出同音词。设计这种练习方式可以同时达到多种效果。对于进行听写的双方来说，他们都能得到听说读写的技能训练。同时，两人分组使得每个人都有参与的机会。

Period 3：Exploring Brisbane

活动—— freeze frame

Sue事先收集并打印了网上推荐的布里斯班排名前十的游玩攻略。她把我们分成四人小组，每个小组拿到一种游玩攻略。接下来，她向我们介绍了活动规则：每组先阅读游玩攻略，列出文中提到的活动，然后用动作表现出这些活动让其他小组猜。猜的人只能使用"yes"或"no"作答的问题进行提问以获得线索，表演的人做好动作后必须保持静止，对于提问不可以给出"Yes"或"No"之外的任何信息，直到表演的活动被猜出。（图12）

结束之后，Sue 让大家讨论进行freeze frame这个活动的好处。首先，这是一个进行阅读训练的机会。其次，这是一个练习Yes-or-No questions的好方法，它还可以被用来教授词汇和其他内容。最后，猜谜这种活动可以提高学生们参与的积极性。Sue还教大家可以根据自己学生的实际情况与教学内容对活动进行调整，比如简化阅读内容，创设情境等。最后的总结画龙点睛，这节课最有价值的地方就在于此——授人以鱼，不如授人以渔。

图12

2018年5月21日值日报告

授课教师

Nic

授课内容及时间

TESOL Methodology: Teaching Grammar 1　　　9：00—10：30

TESOL Methodology: Teaching Grammar 2　　　11：00—12：30

Model Lesson—Grammar-inversion　　　　　　13：30—15：00

今天，我们在QUT又迎来了一位来自英国的具有多年教学经验的新老师Nic。（图13）

图13

Period 1

在简单地做了自我介绍之后，Nic让我们讨论作为本节语法课的导入的问题：Do you like studying/teaching grammar?

然后让大家讨论：

1. How do you feel about teaching/learning grammar?

2. Does grammar have an image problem?

3. Why do you think that might be?

讨论之后，她向我们讲述了学生应该掌握的grammar items。具体包括如下几方面：①语法的用法；②CCQ；③读音方面的重读、音节、音调；④时态；⑤词性。紧接着又阐述了好的语法课的元素：good materials，good practice tasks，good teaching methods，active students，knowledgeable & confident teacher。

Period 2

回顾了vocabulary approaches, 同时展示了语法教学课上常用的教学方法explanation, guided discovery 和self-directed discovery，并且分析了以上教学法的利弊，鼓励大家引导学生多钻研，教师应以学生为中心。

Period 3

以表格的形式直观地呈现了deductive和inductive的使用方法和利弊。Deductive主要是由教师解释、介绍，掌握起来较快，能满足学生或家长的期望。缺点在于步骤是固定的，学生被动学习会感到无聊，留存于大脑的东西较少且对于外语学习者较难驾驭。而inductive主要是在老师的带领下学生通过探索发现而自己总结出语法规则。在此过程中教师可以全方位关注到每个学生，学习探索形式也是多种多样，学生能更加活跃地参与其中，记忆也较为深刻。为便于大家深刻理解这两种定义，Nic又向我们展示了6种教学技巧，要求我们辨别哪些属于inductive，哪些属于deductive，并对有分歧的做进一步探讨解释。

Period 4

本节课所学到的具体的语法点是-ed形式和-ing形式作形容词的区别。这一环节是以图画对话形式进行展现。

Hi, Linda, you look tired.

Yes, Dad. I'm totally burned out.

Why? What have you been doing?

I have been doing my homework all day. I'm getting very bored with it.

That's disappointing. I think you will be pleased when it's finished.

But I still have plenty of work to do. School is too challenging.

When do you think you will finish your homework?

In about two hours, I think.

Don't worry. Just think of how relaxed you will be when it's finished.

然后引导学生判断下划线单词的词性，最后共同总结出：

We use -ed forms to say how we feel about someone or something.

We use -ing forms to describe someone or sth. that causes a feeling.

为巩固学习又做了一系列练习选择正确的形容词的形式，最后对此环节内容进行总结。

Period 5

CCQs for Grammar

通过例句先了解目标语言，然后明确意义要素的基本要素能正确使用CCQs 和answers。

e.g. I managed to find an apartment. 它的意义要素的基本要素为I found an apartment. It wasn't easy.由此我们就可以设置这样的CCQs：

Did I find an apartment?

Was it easy or difficult?

Why was it difficult?

Mic老师着重强调不能用Do you understand?作为CCQ, 应该使用Yes/No question或Wh question为宜。为进一步消化所学内容，老师给出了两组target language 和essential elements of meaning，让我们补充CCQs和answers，效果良好。

下午，Nic 又为我们上了一节语法示范课，inversion。（图14）

图14

Step 1

首先，她通过展示一张大餐图片引出了如下句子：

1. I had never seen such a wonderful feast before.

2. Never before had I seen such a wonderful feast.

Step 2

Task 1：

1. Is there a difference in meaning between the two sentences?

2. Is there a difference in word order?

3. Which sentence has a stronger effect? Why?

Task 2：讨论以上两个句子哪个句子的语气更强烈，很显然是第二个句子，由此引出inversion。

Step 3

通过做练习巩固提高对倒装句的学习。

注意事项：首先找出置于句首的词或短语，其次单词或短语在句中的位置发生变化，最后重写句子。做完之后互相对比，然后教师进行总结。

Step 4

Complete the inversions with your own words.

1. Only after _____ did _____.

2. Not once did _____.

3. Seldom have I _____.

Step 5

老师进行了总结，并要求观察员分别到各个小组看同学们的掌握情况，并当堂进行了反馈。

2018年5月23日值日报告

课程内容

School Visit

带队教师

Sue

今天是我们在QUT培训期间的第一次学校参观。早晨八点整，我们在Sue的带领下从QUT Kelvin Grove校区乘车出发。今天我们要参观的是Runcorn Heights State School，该校位于布里斯班市中心以南20公里处，是一所独立公立学校。校车行驶了大约半小时，我们到达了目的地。在到达后，我们受到了校方的热烈欢迎，并与他们合影留念。（图15）

图15

学校简介

首先，一位女士带我们去了大厅，走进大厅，映入眼帘的是墙面上的各个国家的国旗，这所学校有很多国际学生，墙面上悬挂了57面国旗。我们很快找到了五星红旗，心情无比激动。接下来校长助理为我们介绍了该学校的基本情况。Runcorn Heights State School共有725名学生，学生的年龄是从5岁到12岁。该校有28名教师、10名专业工作人员和20名后勤人员，还有来自学生家长和社会各界的大力支持，因此孩子们拥有一个安全、舒适的学习环境。

学校开设英语、数学、科学、历史、地理、音乐、技术、健康和体育等重点学习科目，还有一些优秀的兴趣俱乐部，不同的体育项目和音乐课程丰富了孩子们的课外生活，让孩子们的潜能有机会得到充分的发挥。

校训：高目标，学校致力于让每个学习者的潜能得到最大程度的发挥。对学生来说，该校训意味着在一个可持续性发展的环境中有机会展示自己最优秀的一面；积极促进学生自律和自强的个性化发展；为进入青少年和成年时期奠定基础，最终成为一名合格的公民，适应社会生活，以获得成功。对父母来说，孩子的发展需要得到来自家庭最强有力的支持。对教师来说，这是一个尊重和实践专业精神的环境。

校徽：从学校的土地上抽出的叶子代表了他们的丛林环境；每片树叶都是不同的，这反映了学校招生的多元文化和多样性以及国际化；手是小孩子最稚嫩的手，它正在寻求指导，同时它也在争取实现孩子们梦想的机会。把树叶和手结合在一起，就代表了在手和树叶的共同努力下形成的一棵知识树。（图16）

图16

教学观摩

校长Dan Nielsen致欢迎词并回答了我们的一些问题。九点半，大厅陆续来了7个小学生，他们是今天负责带我们参观学校的小导游。我们一行35人，一共分为7组。每个小学生带领一组，我们开始进入课堂，观摩听课。

1. 混合教室（Mixed Classroom）

混合教室一般会出现在中高年级，每个班的人数大概在25人到28人，多余的学生汇编到另外班级，就会出现两个年级坐在一个教室上课，这样的教室被称作"混合教室"。在混合教室里，孩子们必须学习所有课程。今天我们就来到了一个四年级（16人）和六年级(11人)的混合教室，所有学生都在上"以介绍旅游地点"为主题的写作课。当我们走进教室时，在教室里有两名教师，分别是班级教师和实习教师。班级教师需要每天和孩子们在一起，负责孩子们的学习和生活。实习教师是来自于当地大学的学生，他们主要负责帮助孩子们学习。由于班级人数少，每个孩子的作业都会得到老师的面批。评价分为A、B、C、D、E五个等级，老师根据该年级的评价标准给出相应等级的评价，然后学生根据评价细则进行自评，最后在老师的帮助和指导下，学生将自己的名字贴在相应的评价等级处。这样的评价方式和体系可以让学生明确自己的优点和不足，如何去评价自己，如何改正，更能让自己树立信心。

2. 红色小组之观摩

Runcorn Heights State School一般有一个老师负责整个班级的主要课程，大概都是超过一个小时的大课。上课的老师根据自己上课的需求，任意调节自己的上课科目，学校没有铃声，除了大课间和午餐时间是固定的，上下课时间和上课的内容全凭老师自己安排。课前班级里总有5到10个学生，被support teacher带出去到其他地方上课，这是因为他们来自不同的国家，英语水平参差不齐，不适合上英语课和数学课，学校把他们安排到一个适合自己水平的班级，由另外的老师进行授课。每个班级的学生不多，老师或坐着或站着，声音轻轻的，上课在谈话中进行。三年级的英语写作课，学生随意坐着，一边吃着东西，一边听课。一位来自上海的中国姑娘看见我们，高兴得不得了，连忙站起来给我们说她会讲中文，那种激动和亲切，让我想起了"月是故乡圆"。在教室的角落里，有一顶小帐篷，上课的过程中有一位小姑娘从帐篷里钻了出来，原来这顶小帐篷是专门为自闭倾向的孩子所使用的，一旦他们觉得紧张不安就可以在里面安静一下，平复自己的情绪。当我们走进一年级教室的时候，他们正在上英语故事课，在老师帮他们纠正错题之后，没有休息，他们离开桌椅，席地而坐开始上数学课。老师则坐在椅子旁边的白板前面，和孩子们一起读着不同的数字，找着数字的规律，课堂气氛轻松而融洽。五年级的数学课讲授的是二维图形和三维图形的认识。上课的老师是一位实习生，满满一节课，学生只要画出一个三维图形和一个二维图形，并用剪刀剪出来就可以了。学生可以左顾右盼、交头接耳，甚至和我们谈话。有不清楚的地方，他们会立马举手问老师。

3. 绿色小组之观摩

早茶之后，绿色小组一行五人跟着小男孩Zac来到了3T教学班。Tate老师刚刚完成了一个小小的随堂测试，接下来为三年级学生教英语语言课。老师在白板上画了一个思维导图，向孩子们教授ch的发音。老师先做发音示范，然后举例，布置任务，让孩子们用iPad完成他们的思维导图。孩子们五人一组，共有五个组。他们一起做思维导图，老师查看并指导。最后三个孩子被邀请到白板前进行展示。这个过程中，我听到了很多与ch相关的单词，check、chick、change、French、catch、church还有China。很多孩子都选择了中国的国旗作为他们的表情符号，可见国际化已经深入这些孩子的内心，他们了解世界上很多国家。ch教学完成之后，老师又带着学生们席地而坐，以非常轻松自如而又轻快的方式进行谈话式教学。这一环节老师教学生们一些新的词汇。老师首先询问孩子们知道哪些方法可以查到一个词的词性、词义，然后提到了在句子中猜测词义。以complicated为例，老师读句子 Chocolate has a complicated history, a long history，然后老师让孩子们把complicated这个单词写在了图片的中间，这样就检查了这个单词的拼写。在确认孩子们都写下了这个单词之后，老师用CCQ的方法引导孩子们从四个角度掌握词汇意思，然后再到很自然的造句。

一个小时之后，Zac小朋友把我们带回了大厅，校长和校长助理已经在那里了，他们非常友好热情地回答了我们的所有疑问。

十一点，我们绿色小组走进了1H教室。H老师正在为小朋友们播放视频，视频中的老师在一页页的给孩子们讲绘本故事，然后提问：

（1）绘本上出现了哪些角色？孩子们回答猫、老鼠、孩子等等。

（2）他们在哪儿？孩子们回答在房间里。

（3）故事中都发生了什么？故事的开始，故事的发展和故事的结尾CCQ提问法一步步引出故事的主要内容。接下来H老师为孩子们开展了一堂数学课。孩子们手里有五个硬币，老师让孩子们找出价值最小的和价值最大的，给硬币排列顺序。老师首先讲解least value 和most value的意思，老师举例子，使用身势语，确保孩子们明白。然后老师让孩子们排列顺序，并问他们为什么要把10分排在最前面，接下来是50分，20分……在这个环节圆满完成之后，H老师开展了第三个环节的教学活动。播放视频歌曲，歌手唱数字歌给小朋友们听。

hey now kids

by 2' 2 4 6 8 10 12 14 16 18 20 22 24 26 28 30

hey now kids

by 5' 5 10 15 20 25 30 35⁀⁀100

hey now kids

by 10' 10 20 30 40 50 60 70 80 90 100

歌曲在重复，孩子们一边听一边唱，手舞足蹈，在轻松愉悦的环境中掌握基本的数字。

下午一点半，Zac小朋友带我们走进了6M教室。M老师非常负责地为我们讲解她的教学思路和课堂安排，并热情地向学生们介绍我们，并安排我们坐在空余的座位上。这是一节作文草稿的修改课，孩子们在他们的第一篇文稿上进行修改。老师让孩子们再次拿出上节课印发的计划表，讲解清单中的修辞手法，提出要求，指导孩子们的写作。

第一次参观学校让我们发现了许多东西，从宏观上的学校教育理念和策略到微观上的老师们的课堂教学，无处不体现着重视个性发展、追求卓越的教育目的。我们应该结合国内的教学实际，充分借鉴和发扬他们好的做法，进一步提高自己学生乃至自己所在学校的教育教学质量。

2018年5月28日值日报告

授课教师

Nic

授课内容及时间

| TESOL Technology: Speaking 1 | 9：00—10：30 |
| TESOL Technology: Speaking 2 | 11：00—12：30 |

第一节课内容

Step 1 Presentation

首先，她提出了三个问题让大家听写，并互相讨论：

1. How do you teach speaking?

2. Are your students keen to speak? Why or why not?

3. Do you like teaching speaking? Why or why not?

经过各小组成员讨论后，Nic进行了全班交流，分享了一些我们日常对"说"教学存在的共性问题。

接着，她把教师在英语"说"教学环节中对于学生的控制分为三个层次：very controlled、semi-controlled，和free-practice(freer)。对于每一个层次，她都列举了一些我们平时的一些做法。

然后，Nic关于teaching speaking，给出了两个关键因素，即accuracy和fluency，今天的教学重点就是，从accuracy的角度入手，即Ideally, the teacher wants students to get it right，重新审视并组织口语教学。（图17）

图17

Step 2 Drilling techniques

在五步教学法ECMDW中，M指代models，D指代drilling, and it is the most controlled practice you can get to your students，为了做到accuracy，我们选用其中的M +D环节，对学生进行训练。

1. Repetition

这是常用的也是最简单的一种操练方法。学生根据老师的示范进行重复操练，基本要求是老师必须正确。 e.g. It's a pen. It's a whiteboard.

2. Substitution

这种操练更具挑战性，但也仅限于某一个单词的替换。 e.g.

like or dislike practice with food vocabulary：

I like hamburgers.

He likes hamburgers.

He likes mushrooms.

She likes chocolate.

She likes sausages.

She doesn't like pizza.

3. Personalization/Communicative drill

这是一种极具交际性的操练。Nic抛出问题供同学们思考：

What are the types of language or grammar could you use personalization?

What kind of structure could you use personalization?

4. Chain drill

在规模较大的教学班，这是一种行之有效的操练方式，e.g.: Have you ever been to Southbank?通过肯定或否定回答，在小组内拓展提问，轮流作答。同学们或写出不同地名，或画出不同图画，配合非常默契。

Have you ever been to Southbank?

Yes, I have.

When did you go?

Who did you go with?

What about the scenery?

Transformation drill

The teacher transform a sentence from a positive to negative; a question to subject changes, to topic changes, etc.

该方法较之以上操练，改变的力度更大，从对学生进行集体训练到个体训练，学生建立自信，逐步融会贯通。e.g.

They like sausages. (positive)

They don't like sausages. (negative)

Do they like sausages? (question)

Does she like sausages? (she question)

Does he like sausages? (he question)

Do we like sausages? (we question)

Do they like pizza? (pizza question)

Silent drill

英语教学既要关注全体学生，也要关注个体发展，对于缺乏自信的学生，此种操练是一门艺术，极大地鼓励他们参与学习。

Other techniques for drilling

Shouting drill

对于昏昏欲睡的孩子，大声练习非常棒。

Miming drill

The teacher ask the students to say like an old man, an angry woman, a child, etc.

老师通过实例练习来分别展示以上各种不同的操练技巧，帮助我们学以致用。

Step 3 Practice

一组一个"老师"，选择一种操练方法，进行操练实践活动。

第二节课内容

Step 1 Greetings

Step 2 Chant drilling definition

重复、敲打和韵律是咏唱特色。重复的话语带着节奏一遍又一遍吟诵，能够感悟到语言的美、有趣、富有挑战性，不是歌曲，胜似歌曲。

CCQ questions on the activity.

Listen and follow with the paper handed out by the teacher.

Search on the internet for more information on it.

"chant for classroom"

"chant for conditionals"

"chant for past simple"

"chant for kids"

Step 3 Back-chainning and front-chainning

两种截然不同的练习语言的方式，老师示范，学生重复，从前往后，从后往前，一步接一步，是训练语音的好方法。

Back-chaining (long sentence)

Break down the sentence from the back, and get the students repeat：e.g.

on a trip

went on a trip

if we went on a trip

great time if we went on a trip

have a great time if we went on a trip

We'd have a great time if we went on a trip.

Front-chaining (vocabulary, more than 4 syllables)

Responsibility

Re

Response

Responsible

Responsibility

Step 4 Information-gap activity

Nic又提到了armored penguin的字谜游戏。AABB, ABAB的分组操练，是学生感兴趣的方法。

Step 5 Mingle match

CCQ to better understand the activity.

Am I moving?

Am I walking?

Am I talking?

Everyone mingles to talk to different person to get the answers.

Ideas

35 strips of paper here. Some are blue, with questions to ask, while some are white, with the answers on it. Walk around, repeat the question clearly, listen to the answer carefully, and match correct question with correct answer.

同学们在班里走动并与多人交谈。拿蓝色纸条的同学问问题，拿白色纸条的同学回答问题，既练习了发音，也练习了听力，同时从逻辑意义上及语法结构上都有一定程度的检测，最后有个别匹配错误的同学也给这节课增添了欢声笑语。乐学，好学也是我们追求的目标。

Step 6 Homework

To think：

How could you use that(what you have learned in this lesson) in a fluency activity?

What would be the next step to develop fluency?

2018年5月29日值日报告

授课教师

Nic

授课内容及时间

Teaching Speaking 3	9：00—10：30
Teaching Speaking 3	11：00—12：30
Using Dialogues	13：30—15：00

Teaching speaking的两个关键因素，即accuracy和fluency。今天的教学重点是fluency，继上节课演示如何训练学生的accuracy（语言的准确性），本节课重点是演示如何训练学生的fluency（流利地运用语言）。Accuracy训练必须做到准确，学生所说内容话题是规定好了的，完全受控制的，而fluency是训练学生良好的交流技能，是通过给学生提供一些自由的口语训练，学生可以更加自由表达自己的观点和想法，谈话内容只限制主题，从而培养学生的交流技能。在训练fluency时，不要求学生把每句话都说得很准确，只要能表达出自己的观点和想法，犯错误是可以接受的，不影响交流和理解。

Period 1

首先，Nic回顾了昨天课上总结的学生不愿意说的原因：

Why the students don't want to speak?

—Lacking Confidence（缺乏自信心）

—Limited vocabulary（词汇有限）

—Nothing to say（无话可说）

—Scared of mistakes（害怕犯错）

—Not interested in topics（对话题不感兴趣）

老师在"speaking"教学中要着力解决以上问题，完成教学目标。早上的课主要为我们示范了三个训练流利使用英语的课堂活动，并让我们对照标准评价这四个活动是否有效。

标准：

1. Learner talk a lot. This may seem obvious, but often most time is taken up with teacher talk or pauses.

2. Participation is even. Classroom discussion is not dominated by a minority of talkative students：all get a chance to speak, and contributions are fairly evenly distributed.

3. Motivation is high. Learners are eager to speak：because they are interested in the topic and have something new to say about it, or because they want to contribute to achieving the task objective.

4. Language is of an acceptable level. Learners express themselves using words that are relevant, easily comprehensible to each other, and of an acceptable level of language accuracy.

Activity demonstration 1

Whispers

按照5人一组将全班分组，每小组拿到五张小纸条，每张小纸条有一个问句，小组成员按照1,2,3,4,5编号。活动第一阶段：从1号开始先拿起第一张纸条自己读完后以耳语的形式将句子传下去，5号将听到的句子写出来。五个人轮流把所有纸条上的句子用耳语传完，并写出来，对照检查所写句子是否完整准确。活动第二阶段：小组讨论纸条上的五个问题。（图18）

图18

规则：（1）小组成员不能提前看纸条内容，不能交流纸条内容；

（2）每句话最多说两遍，之后如果还没听清，可以凭想象往后传；

（3）最后一位成员写句子时要保密，写出的句子不能给别人看。

此活动第一阶段可以训练学生听和写的技能，属于对学生使用语言的准确性的训练，因为学生所说的每句话都是重复纸条上的句子，是完全受控制的活动。活动的第二阶段为讨论阶段，主要训练学生流利使用语言，学生可以自由地表达自己的观点和想法。此活动可以根据自己的教学内容和学生兴趣灵活改变使用。

Activity demonstration 2

Sharing Opinions

首先，Nic用听写的方式让我们写下了五句话：

Children should go to bed before 10：00 pm.

Children should have homework every day.

Children should do all school work on a computer.

Children should do sports every day.

Children should read one book every week.

Children should have more time to play.

然后，Nic让我们用打分的方式量化自己对以上六种说法的看法。

5=agree strongly 4=agree 3=disagree 2=disagree open to agreement 1=very strongly disagree

最后，Nic让我们小组讨论自己对以上说法的观点，并为我们介绍了一些有用的句子结构：

I don't agree...because...

I totally agree...because...

讨论结束后，各组分享了自己的观点以及原因。之后，Nic为我们展示了Delayed Correction，即老师在学生讨论时，在各组之间走动听到学生语法上的典型错误时，不会立即纠正，而是等讨论结束再纠正，这样的目的是不打断学生的对话，既不会让学生感到尴尬，学生也在学习新知识。

Period 2

Activity demonstration 3

Pyramid Discussion

此活动中Nic假设了一个情景，QUT将会出资帮你建一所国际学校，请你列出8样你学校最需要的东西（师资除外），这一阶段个人独立完成此列表；第二阶段，假设QUT没有那么多资金，四人一组，商议将列表上的8样东西减到5样最需要的东西；第三阶段，假设QUT资金又出问题，所需的5样东西要改为3样，8人一组商议列出最急需的三样东西。商议时要说出理由，不能过于简单，可以用一些规范用语或者if条件句；最后每组派代表分享自己的清单和理由。

此活动分组人数分别为1、4、8人，呈金字塔形分布，此方法的好处是能确保每位学生都有话说。此活动中的假设，用到了语境任务，先给学生创设情境，再进行对话训练。

Period 3

在昨天的课堂最后Nic留给我们一个问题：What could the next step be to develop fluency? 为了训练学生的口语流利性，在做完Mingle Match活动之后,可以继续组织学生就手中拿到的话题进行对话练习。此时，必须注意语境，如果我们进行对话时，我们会考虑诸如：Why I say this? Where am I? 等等问题，这就需要我们把对话放置于一定的语境中。

本节课，Nic 老师利用三个活动为我们展示了如何利用对话。

Activity 1 Corners

Nic老师带领全班同学到教室外面讨论分享了对高中教参中几个口语教学法的看法，此活动也可在教室中进行，但要确保学生走动，比如，如果同意某种看法请站左边，如果不同意可以站右边。（图19）

图19

如何设计对话并让其变得更有趣味?

1. 创设情境。创设情境我们需要考虑：谁在对话、为什么对话、在哪里对话、对话者之间的关系等因素，通过以上因素，创设对话情境，使对话变得更有趣味。

2. 改编对话：

改变说话的方式；

改变语境；

修改语境；

展开对话；

Activity 2 Disappearing text

在一个对话中老师去掉其中几个单词，让学生凭记忆完整的复述对话，接着可以再去掉几个单词，再让学生复述，如此反复，直到去掉大部分单词，学生也能复述完整。

2018年5月30日值日报告

授课教师

Nic

授课内容及时间

Microteaching: Introduction to Microteaching　　　9：00—10：30

Microteaching: Microteaching Preparation 1　　　11：00—12：30

Education in Australian School Visit Preparation 2　　13：30—15：00

今天，我们开始了一门新课的学习——微课。在第一节课上Nic就我们为什么要做微课；什么是微课；在接下来学习中我们要准备的三节微课的要求；我们要怎样做；作为学生，你要做什么；作为老师，你要做什么；以及第一节微课和第二、三节微课的大概步骤进行了详细的解释。接着给我们分发了第一节微课要用的事先准备好的资料，里面有详细的要求。三十五个人有三十五个不同的活动，不得不说我们的三位老师太敬业，太认真。因为有很长的文字描述，Nic首先让我们自己认真阅读，有不懂的可以找她，同学们都很认真，大部分同学都和Nic就活动中的要求进行了商讨交流。她还让我们和周围的同学进行进一步的商榷。在第二节课上我们都为自己的活动进行了进一步的准备。大家各抒己见，互相帮助。

下午的课是访校前的准备课，我们明天要去参观学习的是马斯顿高级公立中学。有了上次的访校经验，这次就容易多了。Nic给我们准备了一些需要了解的相关信息的表格，我们登陆这所学校的网站就每一条进行搜索阅读，在表格的最后准备一些想要了解这所学校的相关问题。

2018年5月31日值日报告

今天我们参观了马斯顿高级州立中学，这是我们第二次访校。

早晨七点五十Sue带领我们出发，到达学校，校门口有位老师就在等着迎接我们。后来了解到她姓丁，是上海人，到澳大利亚25年，在这所学校教中文。学校为我们简单地举办了欢迎仪式，仪式由丁老师主持，校长Andrew Peach向我们介绍了学校的办学理念、培养目标、发展规划；教学主管为我们介绍了学校课程开设以及教师管理情况；英语教研组负责人为我们介绍了学校英语课的授课情况。马斯顿高级州立中学位于马斯顿郊区和沃特福德西部之间的木州路。这所学校成立于1987年，截至目前，共有2250名学生，是昆士兰州最大的一所中学，是昆士兰洛根地区公立教育的品牌学校，从1987年开学到2010年，这所学校的座右铭是通过勤奋获得成功。学校的颜色，以前是棕色和奶油色，在2009年变成了红色和灰色。

学校拥有先进的教学设施和勤奋敬业的教师团队，重视特色教育，开设了包括文化课程、体育课程、艺术课程、职业课程在内的综合课程体系以满足学生各种需要。学生毕业后大约有30%的学生走进大学校园，其余学生通过考核会拿到国家承认的各种技术资格证书(正如国内的职业技术资格证)走向工作岗位。中文课程在本校是第二语言，许多学生见到我们总会用汉语问"你好"。

学生早晨八点半到校，下午两点半放学，每天四节课，每周总共20节课，每位老师一周至少上17节课，老师几乎都是全科老师，一位老师可以兼任英语、历史、地理、商业、体育的任课教师，所以要想站稳讲台必须多才多艺。只有百分之三十的学生会读大学，所以有许多学生在学习烹饪、照顾婴儿、建筑、汽修、木工等职业技术课程。

课堂教学以任务型教学为主，老师提前准备任务，布置给学生，并告知学生研究方法，学生查阅大量资料，自己做研究，完成任务，在此过程中老师帮助指导学生完成任务。今天我们观摩的课多是老师指导帮助学生完成之前研究，课堂学生行动自由，师生关系特别融洽，课堂气氛活跃。我们看到每节课的老师都会贯彻三步进行教学：

（1）学习目标；

（2）如何实现；

（3）学习结果。

目标明确，有过程，有输出成果。作业布置是分层次布置的，老师会告诉学生哪些是A,B……级别的作业要求，学生可以根据自己的水平选择，完成相应级别的作业。

不同的教育体制，不同的教育理念，不同的教育方法让我们产生了不同的见解。学校重视学生个性发展，因材施教值得学习和借鉴。

2018年6月1日值日报告

授课教师

Nic

授课内容及时间

Microteaching: Microteaching Preparation 2　　　　9：00—11：00

Education in Australian School Visit Reflection 2　　11：30—12：30

今天早上第一节课还是准备下周的微教学。Nic老师对课堂进行了调整，将我们和贵州班的同学进行了整合重组，把我们班一部分学生分开到贵州班上课，贵州班一部分老师来我们班上课。留下的学员和贵州班来的学员按照相同的活动分到一组。让讲授同样活动的两位来自不同班的学生进行探讨，将自己准备的教学计划和同伴的教学计划进行对比讨论，找出其中的相同点和不同点，再思考同样的活动为什么在设计出来之后会有很大的不同，不同点在哪里，根据对比找出两个人教学设计中的优缺点，再对自己的教学计划进行详细的准备。在此期间，Nic老师对每一组老师所设计的活动都仔细阅读，然后找出其中的一些语法错误和指令不明确之处，非常的有耐心。耐心地教会我们如何正确地实施课堂指令。（图20）之后来自两个班级的学员们对自己的教学计划有了更加详细的修改，收获颇丰。

图20

第二节课对昨天的校访做了简单的反思，主要从两方面入手：第一，在此次校访的过程中有哪些东西使你非常的感兴趣；第二，这次的校访和上次的校访对比有哪些不一样的地方。针对这两点，学员们在讨论之后积极地与其他同学分享自己的收获，有从学生方面出发的，也有从老师层面出发，还有结合学校环境进行描述的。（图21）给我的感触就是课堂的掌控力还是在于授课老师。

图21

2018年6月7日值日报告

授课教师

Nic

授课内容及时间

Teaching Listening 1　　　9：00—10：30

Teaching Speaking 2　　　11：00—12：30

School Visit Reflection　　13：30—15：00

Session 1

导师Nic让我们回想昨天的访校，思考如下几个问题，导入今天的听力教学法课程。

1. What do we listen to?

2. Why do we listen?

3. How do we listen?

4. What makes listening difficult?

Listening for gist globally.(general information)

Listening for detail.(specific information)

　　以上两种听力技巧是完全不同的两种方法，Nic以假设我们在机场等回国飞机时听广播通知为例，说明我们在听信息时常常要在以上两种方法之间转换，如当我们听到有关去英国或日本的飞机广播时，我们听的是大意，而当我们听到回国的飞机时，我们会立刻转换到听细节，如飞机的起飞时刻、登机口。在日常生活中，我们听信息时，会用到以上两种方式，很少只用一种。今天的课程主要关注的是一些英语听力技巧。与此同时，要考虑发音，因为听力主要就是发音，词汇的发音在很大程度上会影响听力。

　　接着，Nic让我们讨论自己和学生在听英语时遇到的困难及原因。大家讨论后主要提出了以下原因，紧接着，Nic让我们讨论解决以上问题的方法。

　　——pronunciation

　　——speed(very fast)

　　——vocabulary(slang)

　　——accent

　　——background(noise)

　　——bad listening habit

　　——lack of confidence

　　然后分发给我们材料，列举了学生在听英语时会遇到的一些问题及解决策略，Nic让我们先不要看解决策略，思考解决问题的方法，然后对照给出的策略进行讨论。提到学生在听英语时会试图翻译每个听到的单词时，Nic让我们记住时刻提醒学生"You don't have to understand every word. Key words only"，要听懂翻译每个单词是非常困难的，是一种不良的听力习惯，会影响听力效果。她让我们把这句话作为课堂用语记下来。在提到播放一段听力录音的次数时，她说播放次数太多反而效果很差。一般播放三次录音，第一遍听大意（gist），第二、三遍让学生听细节（detail），在第三遍录音播放前，可以让学生互相检查答案，有助于学生树立信心，程度差点的学生可以得到程度高的学生的帮助，检查完后再播放第三遍录音。

英语听力方法很多，总体都可以归为Top-Down和Bottom-up两种过程。最重要的是解决读音问题，教给学习者英语的读音规律。英语学习者听英语和阅读时主要是接受性读音，此时，要掌握英语发音的一些规律。我们需要解决的问题是"Most students have never been taught how English changes when it's strung together in sentences"，教会学生一些常用的英语读音技巧。

Session 2

首先，Nic以人教版教材上的听力录音材料为例，以native speakers的发音方式示范了两段材料的读音，并结合上节课提到的读音方法做了详细分析。

然后，Nic介绍了很多实用的英语听力教学的课堂用语，并做了示范和领读。

What do you think this recording will be about?

Listen and choose the most suitable answer.

Decide what will happen next.

You cannot expect to understand everything.

I don't expect you to catch every word.

Just try to get the main ideas.

Listen and fill in the information on the chart.

Listen to the description and draw a picture.

How many times do you hear the word "never"?

接着，Nic介绍了一些当我们和本地人交流是否产生误解或者没听懂对方的话时的一些日常用语。

What phrases can you use to help yourself when interacting with a speaker?

Make sure you are polite.

1. Can you say that again, please?

2. Could you repeat that again, please?

3. Would you mind saying again, please?

4. Sorry, what you say?

Session 3

在下午的课上，Nic用两个课堂活动让我们对昨天的访校情况进行了交流和分享。（图22）

图22

第一个活动是"Education expo"，以观摩学校时的小组进行分组，然后每组标出自己所观摩的课程，小组两个成员作为专家，另外两人作为访客，留在本组的桌子旁等访客来询问他们感兴趣的信息，访客在教室四处走动，寻找自己感兴趣的课程去询问别的小组的专家。

第二个活动是"Sentences on table"，Nic 把全班按照四人分组，给每个小组八张纸条，首先不能看纸条上的内容，纸条字面朝下放桌子上，纸条上有不完整的句子，主题都是关于昨天的访校情况。然后，让小组成员每人抽两张纸条，按照自己观摩学校时的所见所想补充完整句子，不能给别的成员看，再次字面朝下放桌子上，打乱后，小组成员轮流抽纸条来读句子，并对话题进行讨论。

　　两个活动设计非常有趣，学员们都兴高采烈地进行交流，不知不觉间对昨天的访校情况进行了分享交流，让本来乏味的访校反馈变得充满乐趣。

2018年6月11日值日报告

授课教师

Sue

授课内容和时间

Teaching Reading 1　　　　9：00—10：30

Teaching Reading 2

Teaching Reading 3　　　　11：00—12：30

Session 1

Activity 1

导师Sue 用问题 "What makes a good reader" 导入今天的研讨内容。影响阅读的因素有很多，如何能够进行有效阅读？Sue为我们总结了一位高效阅读的读者应该具备以下九方面的能力：

1. Language——The language of the text is comprehensive to the learners.

2. Speed——The reading progresses fairly fast.

3. Attention——The reader concentrates on the significant bits, and skim the rest.

4. Incomprehensible vocabulary——The reader takes incomprehensible vocabulary in his stride.

5. Prediction——The reader thinks ahead and predict.

6. Background knowledge——The reader has and uses background information to help understand the text.

7. Motivation——The reader is motivated to read.

8. Purpose——The reader is aware of a clear purpose in reading.

9. Strategies——The reader uses different strategies for different kinds of reading.

为了帮助学生有效阅读，我们必须思考和引导学生，对所读材料进行必要的调整以适合自己学生的水平，如：简化语言表达（缩短句子、改变词汇等）；预授词汇；改变任务。首尾句、题目及相关配图也能帮助他们获得文章主旨大意。好的阅读习惯也包括一边阅读一边思考并预测文章的发展。Sue 带领我们体验活动"Predict as you read"，从活动中深切感受边阅读边思考边预测的阅读乐趣。

Activity 2

导师Sue 提出了三个问题：

1. How to organize a reading lesson?(Pre-reading+Whiling reading+Post reading)

2. What is reading for gist?(for main idea)

3. How can we encourage students to read fast?(time limits warning+no touching on the paper)

从这三个问题开始讨论，引出今天的第二个内容：Reading strategies

1. Pre-reading strategies.

2. Determing the concepts of the text.

3. Using the whole text.

4. Post reading.

Session 2 Prediction practice

基于第一节课的理论基础，这节课导师Sue 主要向我们介绍了如何设置Pre-reading：

以人教版高中课本Book 2 Unit 4 Wildlife Protection Workbook "The Return of Milu Deer"为例，导师Sue让我们深度思考Pre-reading part中的问题设置，如果可能，做怎样的调整可以更有效地帮助学生阅读？

——Set context：Show pictures of Milu deer, asking：What can you see in the picture?

What is special about it? What do you know about it?　To create interesting reading.

——Predict：Totally disappearing? To a particular place? Why? How? Numbers?

——Section 2：Scan the passage for the information needed to fill in the chart.

除了设置prediction questions，还可以设置true or false 作为prediction exercises。但是在设计true or false 练习时，要避免直接从原文照搬句子，应该设计有挑战性的句子，促使学生深度思考。Sue认为课本中设置的练习很好，她建议我们适当调整，将这些练习进行最优设计，学生才能从中受益匪浅。

Session 3

Prediction words

导师Sue 给我们组织了活动：

Step 1: Predict 5 words definitely on the text and 5 possible words on the text. Think of the reason.

Step 2: Read the passage and see if your words are there.

Step 3: After reading, tick the words. See how many words you predicted.

在活动过程中，大家的参与度很高，对于自己是否能预测到文章中的单词很好奇，所以课堂气氛很活跃。这种预测文章中单词的活动能够让学生深度思考与课文话题相关的词汇并且为阅读文章做好热身，但必须是学生熟悉的话题。

Summary：Prediction 是一种非常重要且有效的阅读技巧，在阅读文章时，我们可以预测的有哪些内容呢？（图23）

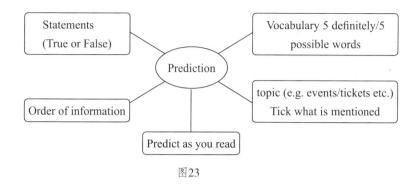

图23

2018年6月13日值日报告

带队教师

Nic

授课内容

School Visit

今天，是我们在QUT培训期间最后一次访校。我们在导师Nic的带领下，早上八点从QUT Kelvin Grove 校区出发前往Loganlea State High School。和前三次访校一样，我们受到了校方的热情迎接和招待。（图24）在接待室，工作人员和校方领导就学校情况做了介绍并耐心回答了我们提出的问题。

图24

有别于前三次访校的是，这所学校是一所特教学校。全校共680多名同学，特殊孩子共120名，分散到各个班级。特殊教育的目的和任务是最大限度的满足社会的要求和特殊儿童的需要，发展他们的潜能，使他们增长知识，获得技能，完善人格，增强社会适应能力，成为对社会有用人才。该学校的口号是：I do，We do，You do。该校的格言是：Safe，Respectful，Learners。

Period 1

参观特教中心。我们共分为七组，每组五名同学。在Tina 老师的带领下，我们来到各自的教室，进行随堂观摩学习。班上有七名同学，有四名老师在耐心细致地随堂辅导学习。有些孩子在紧张不安的情况下，可以到RED ROOM 里放松十分钟。RED代表的是relax，explain，debrief。就是说孩子们可以向老师倾诉他们感到不安的原因，老师在听取后给孩子们一些心理疏导和安慰。特殊学生可以到A区定时来服药。Jackie是特教中心系主任，是校长的左手右臂。学校还有专门为特殊孩子介绍工作的办公室，使他们在毕业后能够顺利就业。

Period 2

Mr. Caleb Jones是学生辅导中心的一名工作人员，这是他第一年来到该校。他的职责是跟学生进行一对一交流，组织学生参加活动，给学生做课业辅导。该校学生绝大多数来自低收入阶层的家庭，缺乏自信。Mr. Caleb Jones进行家访，了解他们不上学的原因，帮助逃课的孩子走上正途，使他们心灵上有所寄托。

Period 3

听课活动，我们观摩了10年级的汉语课，老师给学生布置了学习任务，要求孩子们把拔苗助长这个寓言故事的原文输到电脑上，然后把这篇文章翻译成英文。11、12年级同学带着上述两个学习任务，进行卡片猜词活动。11、12年级学生可以选择在Training Center免费学习烹饪技术，取得厨师证书后他们就可以就业。最让我们感兴趣的是观摩了孩子们精彩的舞蹈表演，参与了传统的澳大利亚舞蹈，赵同学的肚皮舞深受大家的喜爱，蒙同学的书法作品也给访校增添了色彩。（图25）

澳大利亚各个学校都有一个共同点，他们都特别注重学生技能的培养，除了开设基础课程之外，还开设许多非常实用的课程，如烹饪、缝纫和汽修等。今天的访校活动在轻松愉悦的气氛中结束了。

图25

2018年6月14日值日报告

授课教师

Nic

授课内容及时间

School Visit Reflection   9：00—10：30

Model Lesson 7——Reading   11：00—12：30

Teaching Reading 5   13：30—15：00

Section 1：School visit reflection

Nic通过两个活动让我们对昨天的访校以及综合四次的访校活动进行

了反馈。

首先，导师Nic让我们两人一组讨论有关昨天到Loganlea State High School访校的几个问题：

Q1.What impressed you most?

Q2.What did you notice that you didn't like?

然后，Nic给我们介绍了infographic的用法，就是 information+graphic 的组合，其目的就是透过图像的力量让生硬的数据显出趣味与生命力，也可以让读者轻松地理解并在脑海中留下深刻的印象。Nic先向我们展示了以前的同学们对于四次访校的infographic，然后给我们布置了任务——对比四次访校两人一组制作出自己的infographic。顿时同学们变成了设计师，十五分钟完成了15幅风格各异的infographic，之后每组再选出一位代表对自己画的信息图进行描述。

Nic强调infographic信息图的使用最好是运用一些关键词去完成，不要使用句子，不要把它变成一项阅读任务。通过该图的制作，更加直观地反映了同学们对四次访校的反馈总结，提高了同学们的兴趣和参与度，是一项非常好的总结方法。

Section 2：Model lesson 7——reading

在第二节课，Nic给我们上了一节阅读示范课，教授内容为人教版必修5 Unit 5 First aid for burns。

Step 1：首先，Nic以一张图片导入了今天的阅读话题，向我们解释了什么是first aid，并使用了CCQ：

Q1.Does it make people feel comfortable?

Q2.Does it need before or after burns?

Step 2：然后，Nic将整篇课文分为了两部分进行阅读。对于前半部分Nic设置了搭配标题的习题。对第二部分设置了prediction的活动，让学生先猜出文章中有可能给出治疗烧伤的建议，再让学生读文章划出猜对的句子并读出来。

Step 3：Nic对两部分内容设置了一道判断正误的细节理解题，并让学生讨论说出判断理由。

Step 4：Nic给大家发了一页练习题，进行了deducing meaning through the text的活动，也就是对每个单词设定一些有关词性的读音或释义的问题，让学生两人一组通过课文内容推论出该词的意思及词性，之后Nic分别教授了swollen、charred、unbearable和vital四个生词。

Step 5：最后一个post reading活动是respond to the text。该环节中Nic设计了一个speaking task，老师给出问题并且提供相关的句型让学生讨论，同时又能操练句型。

Q1：Which information surprises you the most about first aid or burns?

Q2：Which information did you already know before reading the text?

Q3：Which information do you think is the most useful to know about?

Useful language：

What I find the most surprising is...

I already knew about...

The most useful point for me is...

这堂课Nic老师做了一些改变，包括将课文分为两部分分别设计练习习题，让学生先预测课文内容然后再核查，这样会引起学生的好奇心，猜的多的同学会感到满足，建立学生的自信；利用deducing让学生自己推论出生单词的意思；最后的post reading设置了一个speaking 的任务，让学生回顾所学内容的同时也练习了句型。

Section 3：Teaching reading 5

第三节课Nic老师让大家讨论post reading一般都有哪些活动。

Post reading：

respond to the text

roleplay a character

design a poster

mini presentations

write a letter/email

imagine character

discussion(pyramid, ranking)

imagine a different ending

graphic visualization

之后老师让我们在电脑上完成以下任务：

1. Find reading lesson

2. Analyze:

good?

missing?

add?

take away?

motivating?

3. Ideas adapting

通过一个小时的查阅，每个人都对课本上的reading部分有了更深一步的了解，我们发现有的text没有文章大意的练习，有的text细节理解题太多，有的没有设置post reading的练习，我们也在思考要不要做一些改变。自己也可以根据学生的情况以及课文的难度对课后习题进行调整，让课文习题变得更实用，让学生更感兴趣。

2018年6月18日值日报告

授课教师

Sue

授课内容及时间

Teaching Writing 1	9：00—10：30
Teaching Writing 2	11：00—12：30

Microteaching preparation details　　13：30—15：00

Section 1：Writing 1

Sue通过让同学讨论以下问题，导入今天的新课。

Do you enjoy writing? Why/Why not?

Do you enjoy writing yourself? Why/Why not?

What are the main difficulties your students have with writing?

How do you try to help with these?

Sue 帮助大家总结出学生在写作过程当中存在的困难有：

1. The main difficulties your students have with writing is using vocabulary/ grammar correctly fearing of making mistakes, lacking of confidence and motivation.

2. Organization should be logical and coherent.

3. Cultural considerations of topic, knowledge and ideas.

Purpose of writing

Writing for learning.

Reinforcement writing：practises what has been taught.

Preparation writing

Preparing students for another activity.

e.g. I do not like travelling far from home because...

Activity writing

Forms an important part of a larger activity such as surveys, dialogues.

However：

These activities are not TEACHING students to write.

What are the qualities of a good writer?(What can good writers do?)

Good writers：

Understand purpose—make good choices on content, vocabulary, text type.

Understand roles and relationships—make appropriate language choices about tone, language.

Understand different genre conventions—layout etc.

Have control over cohesion—links are made between sentences and paragraphs.

Show coherence—can maintain the idea or thread throughout text so that the writer's message is clear.

Have control over grammar, punctuation .

Section 2：Writing 2

Product vs. Process approaches 即两种不同的写作方法。

Product 的特点，就是让学生阅读范文，分析文章特点，从而根据范文仿写文章。它的优点就是对学生来说比较容易而且高效，在很短的时间内就可以完成，而且比较适合正式文体，如书信，论文等。不足之处就是限制了学生的创造性和独立性，让学生比较依赖范文。Process approaches 的特点就是通过头脑风暴和讨论，激发学生的想象力和创造力，想出更多的词汇、句子形成自己的文章，让学生从写作过程中感受到自己的进步。但它也有局限性，就是写作之初，对学生来说比较难，感觉无从下笔，比较浪费时间，学生可能会消极怠工，对写作结果未必满意。

实战演练：Sue让我们每人写出五个句子来描述自己最要好的朋友，然后给出范文，描述了她的同事Nic老师。然后要求我们把描述Nic老师的形容词从外貌、衣着、品质三个方面来归类，并让我们添加更多的形容词。在拥有大量词汇的前提下，我们重新组词成句来描述大家喜爱的Sue老师。老师这样一步一步做的目的是：

1.学生写出五个句子的目的在于让大家对这个话题有整体概念。

2．阅读范文，让学生对形容词进行分类，目的是为学生写作做好准备。

3．交代写作任务，收集更多的形容词，为写作创造更多的想法来完成写作任务。

4. 选择不同的形容词，把形容词和描绘性的短语连接起来，目的是锻炼学生的写作技能。

5. 学生写出五个句子的目的在于练习对人的细节描写。

6. 学生相互阅读对方的文章，目的是找出不足、取长补短。

Section 3：Microteaching preparation details

Sue就微课准备提出了具体要求，让大家从听说读写四个方面选择自己的微课，并找出自己的合作伙伴，商讨如何准备微课。

2018年6月20日值日报告

授课教师

Sue

授课内容及时间

Model Lesson 7——Writing   9：00—10：30

Using Resources——Pictures   11：00—12：30

Using Resources——Pictures and Micro-teaching Preparation   13：30—15：00

Part 1 Model Lesson 7——Writing

授课内容：必修三 Unit 1 Festivals around the world Writing (The last period of this unit)

今天Sue给我们上了一节写作示范课，通过让我们讨论下面两个问题复习了本单元的主要内容：

（1）What do festivals have in common?

（2）Why are festivals important?

然后，她给我们展示了一张立方体（有六个面）的图片，并让我们从以下六个方面去思考一个新的节日并做好笔记：

Describe the festival

Compare the festival

Associate the festival

Analyze the festival

Apply the festival

Evaluate the festival

之后我们两人一组讨论并相互比较彼此的观点，紧接着给我们展示了一篇节日范文，要求阅读后指出它的优点和缺点，并说明其原因。最后让我们运用范文中的优点去写一篇自己的新节日。由于时间原因，Sue让我们利用课余时间完成写作任务。

示范课结束后，Sue和我们一起对这节写作示范课进行了回顾和小结。

Part 2 Using Resources——Pictures

Sue先让我们讨论了图片在英语教学中的功能和作用，然后指出图片可用来进行下列教学活动：

Story telling/writing

Prediction of content of reading/listening text

Vocabulary teaching

Grammar teaching

Reading strategy——using pictures to help understanding

Setting context

接下来Sue让我们讨论并回答了这些问题，并用六个活动证明了图片的功能和作用。

Activity 1：Same but difference

Sue向我们展示了一张澳大利亚国庆节的图片，让我们对比中澳国庆节的相似之处和不同之处，然后让我们运用下面的问题就这个活动进行了讨论：

（1）What language do students need for this activity?

（2）What does it practice?

（3）When could you use it?

（4）What could you do next?

通过讨论，我们发现，在这个活动中，可以用一般现在时或现在进行时、There be句型结构对图片内容进行描述；该活动练习了学生的口语能力、比较和描述能力；该活动可以用来创设情境、读前和说前的准备活动；也可以进行下一步的教学活动，比如让学生相互对比自己写作所用的词汇，等等。

Activity 2：Sentence flood

老师给我们展示了一张图片，要求在两分钟内记住有关图片的尽可能多的信息，拿开图片后让我们用There be句型结构把信息写下来。再次展示图片，检查我们的记忆力并让我们运用形容词写出尽可能长的句子，随后从我们的所写的句子中征集最长的句子让大家一起欣赏。最后Sue和我们一起讨论了这个活动。

通过这个活动，我们发现，学生可以用现在进行时、There be句型结构、定语从句对图片内容进行描述；可以搜集到有关某个场景的大量的词汇；锻炼了学生的句子写作能力；该活动可以用于语法教学、说前和写前教学；也可以进行下一步的教学活动：让学生修改自己的写作、复习了以前所学的词汇、句型等内容，从而提高学生的综合能力。

Activity 3：Jumbled Caption

Sue给我们展示了一张图片，让我们预测图片的内容。然后给出了与图片内容相关的单词how、app、showing、works、illustration、Finding、new、an、Rover、smartphone，让我们连词成句为图片找到恰当的标题，大家努力连接，只做到了部分正确，在老师的帮助下我们最终连了起来：An illustration showing how new smartphone app Finding Rover works。原来这是新闻报纸的一张插图。然后我们一起就这一活动进行了讨论，发现这个活动可以用于读前活动，前提是必须给学生教授相关的单词，但单词应当简单，而且要求老师给予学生一定的指导和引领。

Activity 4：Put yourself in the picture

老师给我们每两人一张图片（相同内容），让我们观察图片的内容。然后给我们每人一张小纸条，要求我们先把自己画在上面并把纸条粘贴在图片的任何地方。之后两人小组运用下面的问题就图片内容展开对话练习：①Where exactly are you?②What are you doing?③What time of the day is it?④What's the weather like?⑤Can you hear anything?⑥What's going on around you?⑦How do you feel about all this?

最后，通过讨论，我们发现，这个活动要求学生运用恰当的介词、不同的语法结构练习他们说英语的能力。当然老师的图片准备要尽可能多样化。

Activity 5：Picture interview

Sue给我们展示了一张地震后的图片，图片中一片狼藉，有两个人物，一个是消防人员，一个是地震幸存者。让我们两人一组（其中一个扮演新闻记者，另一个扮演图片中的任意人物），运用老师提供的问题展开现场采访，之后再互换角色练习。

通过活动，我们发现，学生可以运用一般过去时、现在进行时、一般将来时进行练习，练习运用了与图片相关的词汇，而且这一活动也为接下来进行的写作活动提供了素材。

Activity 6：Jigsaw Reveal

Sue给我们展示了一张由五部分覆盖的一张完整的图片，先让我们猜测图片的内容，然后按顺序逐一揭开，要求我们通过所看到的部分内容对整个图片内容进行猜测，最后展示了完整的图片，大家发现猜测的内容比较接近。

这一活动的设计可以多样化，被覆盖的图片易于学生描述，用来覆盖的部分不宜太少，也不宜太多，练习了学生的词汇、语法结构，更重要的是练习了学生的预测能力，这对于提高学生的阅读能力有很大帮助。

通过这些活动，进一步体现了图片在英语教学中的功能和作用，并告诉我们这些运用图片的活动可以进行适当的调整和变化。

第二部分是Micro-teaching 的进一步准备。Sue要求我们分别和自己的搭档再次对这次微课进行充分的讨论和准备。

2018年6月25日值日报告

授课教师

Nick Sue

授课内容及时间

TESOL Methodology: Using Resources——

Authentic Materials-Songs   9：00—10：30

TESOL Methodology: Using Resources——

Designing Your Own Materials   11：00—12：30

Period 1

今天第一节课是Nick为我们上的运用authentic material发挥音乐歌曲在英语教学中的作用，Nick先提问了三个问题：

1. Have you ever done a song lesson with your students? If so, did they enjoy it?

2. Do students generally like songs? Why? Why not?

3. Why do we use songs in the classroom?

然后，Nick给我们发了一份有关"歌曲听力训练在英语教学中的作用"的调查，让我们仔细阅读并结合自己的实际教学。接下来Nick 提问"What kind of activities do you use song in class"导入到歌曲听力在课堂活动中的作用。

Activity 1

Nick让我们打开邮件做相应练习。她让我们把stay、street、cry、meet、way、right、see、wait、me、by、tonight、late 12个词分别按音标归类到tree、bike、train 三个词里面，并强调归类时注意单词的发音规律。

Activity 2

Nick让我们听一首英文歌"Oh Pretty Woman"，并填写空缺单词，填写时注意句末所缺单词的发音押韵现象。她先让我们边听边填写，然后再听一遍核对答案，最后补充了以下两个问题作为post-listening的活动：

1. What could the students do next?

2. Let students make a post to write a love story.

Activity 3

Nick让我们听了另一首英文歌"Dancing Queen"，第一遍听时，她让我们把歌词中的黑体单词正确的打√，错误的打×，先标注出来，然后带着我们一起核对答案。第二遍听的时候她让我们改正错误的黑体单词。通过听英文歌的教学方法，训练了学生在上下文语境中猜词能力和有相同音标的单词辨别能力，不但营造了宽松、愉悦的课堂气氛，调动了学生学习英语的积极性，还提高了课堂效率。

接着Nick又通过简单解说其他一些歌曲听力活动教会我们听力过程中选词填空，根据首字母填写单词以及部分句子填空等训练单词的教学方式。

Period 2：Using Resources——Designing your own materials

Activity 1

第二节课是Sue老师上的有关运用材料设计自己教学的课，她先提问以下问题：

How often do you design your own materials?

Why do you do this?

What do we need to consider when we design our own tasks/materials?

她让我们两人一组讨论在设计教学时会考虑到哪些因素。然后她分发了一份材料，包含练习A和练习B两部分，她让我们对比练习A和练习B，比较哪个更好（练习B更好），并找出7处不同之处。这7处不同之处分别是：

1. have a title(book/unit reference)

2. numbers (makes checking answers easier)

3. example/model

4. variety of patterns (subjects, negative/positive)

5. task for fast finishers

6. simple instructions(short sentences)

7. simple vocabulary/relevant vocab

接着Sue还让我们讨论怎样把练习B进行调整和修改，让材料更符合学生实际。她还补充说，如果练习是一篇完整短文的填空，学生就有必要在上下文语境中理解和填空。

Activity 2：Grammar

Sue给我们每人一份练习题：她让我们讨论哪个练习侧重语义训练，哪个侧重句型训练，哪个是语义和句型二者兼有的训练。最后她带着我们一起讨论这些类型的题也可运用于语法、固定句型结构、单词和短语的运用等英语教学。

Period 3：Model lesson：The Billion Banknote

Activity 1：Pair error correction

Sue把我们分成了A、B两组，并分别分发了A、B两个练习。A、B两个练习都含有8组句子，但出现在A、B两个练习中的每一组句子只有一个是对的。她先让我们独自判断和修改，然后让我们交叉，一个A和一个B一起讨论每组句子的对错。最后带领我们一起核对答案并逐条做了详细的解释，包括直接引语和间接引语的转化、时态的改变、陈述语气的转变、疑问句语气的提问和短语的固定搭配等。

Activity 2：Checking yourself (review of the lesson)

Sue让我们两人一组分角色就checking yourself里面的7个问题进行采访。一人当学生，另一人当这部戏剧的作者。当被采访的那个人表达时，采访的人要注意聆听和做好笔记，然后再互换角色。最后再核对彼此的笔记是否记得完整和正确。通过这种活动，让学生很快进入到角色，真实地思考和表达自己的观点，同时也训练了对方的理解和听力。这种单元小结的方式既新颖又灵活。

Homework：

Make a mind map using the wordlist of the new vocabulary in your notebook. This will help you remember the words.

Activity 3：示范课的反馈（feedback）

1. Pair error correction: 让学生两人一组互相改错的练习方式有利于学生彼此间交换思想，并能促使他们认真阅读和思考自己与对方答案不同的原因，有利于让他们学到更多。

2. Checking yourself: 采访式的回顾本单元所学知识的训练方式不但训练了学生说的能力和听力，还锻炼了学生在仔细听得同时及时、准确地记笔记的能力。然后互换角色，让学生再次交换想法学到更多。

3. Homework：由summing up到mind map的转变，让学生从死记硬背单词、短语和语法结构转变到更多的思考，形成一个网状的思维导图，加深印象的同时，让知识归类思路更清楚。

Activity 4：Pictionary

Sue把我们分成四人一组，然后分发了红色小卡片，上面写着英语单词，要求我们一次一人不能说，只能通过绘画表达出该词的意思，以此轮流竞猜看谁猜得又快又准。这个活动不但有趣而且让学生可以牢固记住这些单词，增加词汇量。

2018年6月26日值日报告

授课教师

Nic

授课内容及时间

Using Resources——Authentic Materials 1	9：00—10：30
Using Resources——Authentic Materials 2	11：00—12：30
Using Resources——Authentic Materials 3	13：30—15：00

Period 1

今天，我们学习了有关Authentic materials的教学方法。导师Nic先从What are authentic materials? Why use authentic materials两个问题入手，让我们进行讨论，然后在老师的帮助下，总结出Authentic materials的定义即real English materials，它的用途如下：

To add varieties to lessons.

To provide practice in grammar, vocabulary and pronunciation.

To provide extra practice in macro skills.

To replace unsuitable materials in the course book.

To add sth. that seems to be missing from the course book.

To respond to the learners'requests for materials with a particular topic.

接下来，把同学分成不同的组，让每组不同的成员在黑板上写出Type of authentic materials.e.g. songs, newspapers, photos, ads, timetable, stories, menus, instructions, signs, leaflets, letters等。在利用材料的过程中，有好处也有不足，好处主要体现在：

Students exposed to real language and culture.

Students can both touch and feel as they learn.

Can be used for a number of different tasks, aims and levels.

Contain a wide variety of text types.

Can be more motivating for students.

Reflect current affairs and are relevant.

Can lead students to a sense of achievement with real life-tasks.

Can encourage reading for pleasure because materials may reflect students' interest.

可能的不足主要体现在：

Culturally biased or too culturally specific.

Material can become outdated quickly e.g. news.

Strong accents may cause problems.

Teacher must have a clear idea about the task design to ensure it meets students' needs and level is appropriate.

The availability of resources.

Lower levels might feel the materials are too difficult-tasks need to be carefully designed to match the learners' ability.

在教学过程中，我们尽量避免不足，使学生受益。同时，Nic老师也给我们指点迷津，给出建议及教学攻略。

Avoiding "lifting" from the text.

Design questions that actually check understanding of the text.

Always give students a rear purpose to read.

Prediction from questions before reading.

Teaching strategies：

What pre/while/post activities you could do?

Any vocabulary that would need pre-reading?

What are the language functions?

Period 2

在今天的第二节课上，Nic教给我们如何把Authentic materials运用在听力教学中。在这节听力教学中，她严格按照听力三步教学法进行，并在每一个步骤中介绍了不同的教学任务，在一定程度上也可以说是教学方法的介绍。

Pre-listening

Task 1：编故事。在这个听力教学任务中，Nic让我们用与听力内容有关的单词和短语编写故事。如：video and computer games sales, teenage son, one or more hours per week, women, Americans over the age of 50, two games, average player, play, doubled, online。这些单词和短语都是材料中用到的，我们发挥自己的想象力编写了很多故事，其目的在于激发学生的想象力和培养学生学习的主动性。

While-listening

Task 2：听细节。在这个活动任务中，Nic 自己读了这篇材料故事，让我们仔细听并获取更多的细节，检查对照自己的故事和原材料的差距，其目的在于提高听力中信息获取能力。

Task 3：Chunked the text活动中给出下面的选项，是把文章分成一些片段，分开听。

Segment 1：

（1）Video and computer games sell well.

（2）Each person in the USA bought 2 games in 2004.

Segment 2：

（1）People over 50 play games most.

（2）People of all ages play games.

Segment 3：

（1）Young people like educational games.

（2）We need to encourage young people to play educational games.

选项中其中一项是材料中所提到的，让学生在听的过程中选出，学生能够很容易地选出。在这种听力教学中，容易培养学生的自信心，同时使听力教学趣味无穷。

Task 4：填空练习。为了让学生获取更多的听力细节，理解得更加透彻。截取材料中比较重要的段落，并且删掉几个甚至更多的单词，让学生在听的同时补全所缺的词。在前面几项任务活动的基础上，学生能够很快完成。在整个听力过程中，学生都是在轻松愉快中所学所获。

Post-listening

Task 5：角色扮演活动。让学生扮演 owner of company、parents、teenage、teacher几种角色，关于玩电脑游戏进行辩论。其目的是把口语、写作和听力融合在一起。在训练听力的同时也训练了口语和写作。

Period 3

午休之后，我们进入第三阶段的学习，看到同学们有些倦意，Nic先来了一个energizer，顾名思义，就是要让我们充满活力和能量，她让我们都站起来，在教室里面随意走动，同时她用手机播放音乐，当她停止音乐时，她会说一个数字，比如3或4，学生要组成相应数字的小组。同学们一边走着，一边琢磨着要跟谁组团，生怕自己落单，组成小组之后，她提出一个问题：Have you used video in your class? If so, what do you use it for?组内成员进行讨论。然后再组团，再问问题，再讨论。随后问的问题有：What are the advantages and disadvantages of using videos? What kind of videos can we use? 我们兴高采烈地组团，讨论，寓教于乐！正如Nic 所说的，This is an alternative way of brainstorming。这个活动也是一个引入本节课话题很好的导入，随后她用几个活动示范了video 在课堂中的使用。

1. 通过video学习条件句表示虚拟，屏幕展示了一张可爱的小猫照片，她问学生，If cats had a thumb, what would they do? 我们都说出了自己的想法，有人说If cats had a thumb, they would read books. 有人说 If cats had a thumb, they would use chopsticks...

然后Nic播放视频，视频展现了如果猫有了大拇指，他们会做的一些事情。

2. 她用panda talk 和 dog/2 legs创设情境，继续操练虚拟语气的用法，学生们的句子有：If pandas could talk, they would be a reporter. If dogs had 2 legs, they would walk as a person...

3. 第三个活动是eyes and ears 或者split viewing activity，在活动之前，她用eliciting 给出活动中会出现的一些词汇：crouch, drag, chase, buffalo,

我们被分成两组，一组叫eyes，一组叫ears，其中一组观看视频，并描述视频中的内容，而ears是不能看视频的，他们只能根据eyes的描述去"观看"视频。放了一段后，角色交换，再进行同样的活动。视频中非洲大草原上正在上演着紧张的狮子和水牛大战，描述者眉飞色舞，聆听者兴趣盎然，整个课堂生动有趣！活动之后，已经临近下课，老师给我们留下思考的问题：What is the post activity?

2018年6月27日值日报告

授课教师

Nic

授课内容

Learning strategy——OWI

授课时间

OWI as a learning strategy   9：00—10：30

Model lesson for writing   11：10—12：30

Period 1 OWI as a learning strategy

O as observe (What do I actually see?)

W as wonder (What do I not know but want to know)

I as infer (I think / maybe)

活动流程：

1. 老师给学生展示静止的视频画面，让学生使用句型I see...，I wonder if...及I think 来讨论看到了什么（what do I actually see?）。

2. 同桌之间相互讨论，充分使用句型，发挥想象。

3. 播放视频。

活动反馈：

（1）此活动看似简单，实难操作。首先对于视频的选择，很难找到符合主题，又充满惊喜的视频。比如，Nic老师所选的视频，给我们展示的第一个画面平静美丽，有着阔气的游泳池，茂盛的棕榈树，豪华的公寓。因此我们讨论的主要是度假村之类的幸福场景，谁也想象不到那是海啸到来之前的片刻宁静。

（2）即使找到合适的视频资源，也很难成功运用到课堂中。对于静止画面的选择，停顿时间，需要一只神来之手。一帧不能多，一帧不能少。少了画面感不强，学生无法描述；多了会泄露"天机"，学生的想象，讨论也就没有任何意义。

（3）在练习口语的同时，培养学生的想象力及创造性思维。

Period 2：Model lesson Writing

Nic今天给我们上了一节写作示范课。首先给我们介绍了本节课要上的内容，接着就用一张"ASTHMA AND ALLERGY"的海报图片导入本节课。

Task 1：Beat the Heat—Follow these useful tips to stay "sun-safe"——Health Education Poster Analysis

这是一份包含Beat the Heat—Follow these useful tips to stay "sun-safe"话题的示例海报。Nic先给我们每人一份该海报，另外让我们两人分享一份针对该海报所提的问题单。Nic让我们两人一组，就所列问题逐一讨论。问题涉及"该海报是为什么样的人群设计的？读者是谁？用了什么样的语言和时态"等。我们对所列的问题互相提问并分享答案，Nic还要求我们特别注意每一个分项下的画线部分。在我们充分讨论的基础上，Nic带领我们一起核对答案并逐一做了细致的解释，包括每一分项中所使用的时态，祈使句的使用，词汇avoid 和try (not) to 的用法等。最后，Nic给我们展示了完整的海报。

Task 2：Planning to write——Fast writing

Nic首先发给我们每人一份Planning to write，并让我们两人一组。Nic分给各小组不同的话题，包括以下几个方面的话题：

How to stay health when travelling?

How to avoid getting food poisoning?

What to do if somebody has a burn?

How to stay healthy in Winter?

她让我们头脑风暴，在所规定的时间内，以最快的速度独立完成涉及各自话题的快速写作。此环节不论单词的正确与否，句子表达的错对，只注重写的多少。然后Nic让我们整个小组分享各自的想法。

Task 3：Design your own poster

Nic让我们根据各自的话题，在限定的时间内，每人设计一份海报，要求我们在设计海报的时候应当注意：

Who is your poster designed for?

Who is the audience?

What design would be the most eye-catching?

Use imperative where necessary.

…

之后先让我们小组内分享各自的海报，随后Nic又带领大家一起分享了各个小组不同话题的海报并做了评比。一份好的海报应当是：

Is it information?

Is it creative?

Would it be useful in your school?

Homework：

Complete a poster after class.